DE L'ART DU THÉÂTRE EN GÉNÉRAL.

TOME SECOND.

Instruction, lumiere de la Vie,
Ah! par tes soins l'Homme fut éclairé;
Viens diriger les efforts du Genie,
Qui, loin de toi, s'est souvent égaré.

DE L'ART DU THÉÂTRE;

où il est parlé

DES DIFFERENS GENRES DE SPECTACLES,

ET

DE LA MUSIQUE

Adaptée au Théâtre.

TOME II.

A PARIS,

Chez Cailleau, Libraire, rue du Foin St. Jacques.

M. D. CC. LXIX.

DE L'ART DU THÉÂTRE

EN GÉNÉRAL,

Où il est parlé des Spectacles de l'Europe, de ce qui concerne la Comédie ancienne & nouvelle, la Tragédie, la Pastorale-Dramatique, la Parodie, l'Opéra-Sérieux, l'Opéra-Bouffon & la Comédie-mêlée-d'Ariettes, &c.

Avec l'Histoire philosophique de LA MUSIQUE, *& des observations sur ses différens genres reçus au Théâtre.*

TOME SECOND.

A PARIS,

Chez CAILLEAU, Libraire juré de l'Université, rue du Foin St. Jacques, à Saint-André.

M. DCC. LXIX.

Avec Approbation & Privilège du Roi.

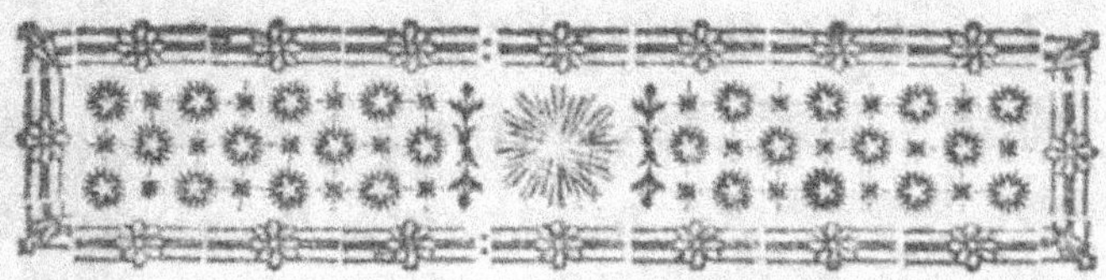

AVERTISSEMENT.

M'ACCUSERAIT-ON d'avoir eu le malheur de méconnaître les talens des hommes de mérite qui travaillent dans le nouveau genre, tels que Messieurs Favard, Sédaine, Anseaume? &c. Je n'ignore point combien le prémier est estimable par la délicatesse, l'élégance de son stile, & les beautés qu'il répand dans ses productions; l'autre par l'art avec lequel il peint la Nature; le troisième par plusieurs pièces charmantes, sur-tout par l'*Ecole de la jeunesse*, où l'on voit des Scènes dignes de la bonne Comédie, remplies de sublime & de pathétique. J'ôse me

flatter que ces principaux Auteurs
du Spectacle moderne, daigneront
me pardonner les critiques que j'ai
hazardée de quelques-uns de leurs
Ouvrages. Je me suis attaché particulièrement aux Pièces qu'ils nous
ont donné, parce que la réputation
dont elles jouissent, les beautés qu'on
y admirait, en rendaient les défauts
plus dangereux, & mettaient ces
mêmes défauts dans le cas de trop
séduire les jeunes Poètes. J'ai pu
me tromper quelquefois dans mes
jugemens; si l'on m'éclaire sur les
endroits où je me suis égaré, je suis
prêt à me corriger. Je suis loin de
penser que dans un ouvrage tel que
celui-ci, qui embrasse tant d'objets
différens, il ne me soit pas échappé
un grand nombre de fautes : c'est
au Public à m'apprendre les chan-

gemens, la réforme que je dois faire dans mon Livre.

La critique que je fais du nouveau Spectacle, révoltera peut-être bien des personnes dont tout me porte à désirer l'estime, leur donnera lieu de m'accuser de malignité, & de vouloir décrier absolument le Théâtre applaudi d'une grande partie de la Nation. Je proteste avec sincérité, que ce n'est point les charmes que j'ai trouvé dans la Satire qui m'ont mis la plume à la main ; je n'ai cherché qu'à défendre les règles trop négligées, qu'à empêcher les jeunes Auteurs de suivre des éxemples qui les égareraient. Loin d'avoir eu dèssein de rendre un mauvais office au *Théâtre Italien*, il me semble que j'ai travaillé à lui acquérir par la suite une solide gloire, en m'éffor-

çant de prouver que ſes Poëmes devaient être auſſi parfaits que ceux de
la bonne Comédie; en montrant que
les meilleurs Auteurs qui ont travaillé pour lui, ont eu tort de négliger ſouvent des principes qu'ob-
ſervèrent rigoureuſemenr les grands
hommes qui ont illuſtré la Scène
Françaiſe; & en engageant enfin tous
ceux qui voudront écrire déſormais
dans ſon genre, à ne ſe permettre
aucune liberté. S'il m'était échappé
des traits peu ménagés, ce ſerait plutôt manque de réfléxion de ma part,
qu'envie d'offenſer qui que ce ſoit.
Dans la chaleur de la compoſition,
la plume écrit quelquefois rapidement des choſes hazardées, dont on
ne s'apperçoit que lorſqu'il n'eſt plus
tems de les corriger.

DE L'ART

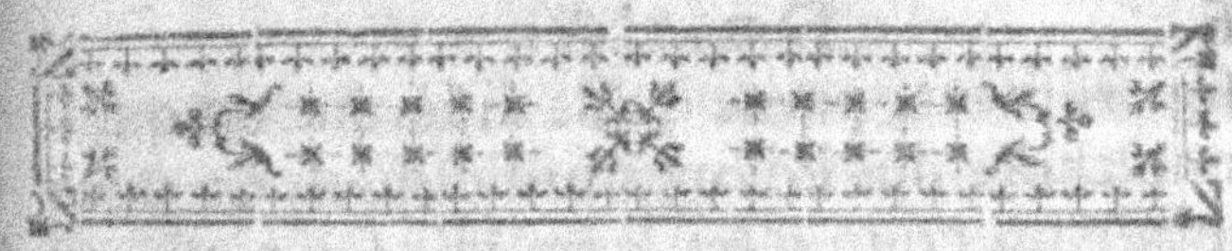

DE L'ART DU THÉÂTRE.

LIVRE CINQUIEME.

SOMMAIRE.

Il était nécessaire de dire un mot des diverses sortes de Pièces comiques que nous avons au Théâtre, & de parler séparément de quelques unes. On fait observer particulièrement au Lecteur ce que c'est que la Comédie-Bourgeoise. Ensuite on parle des différens genres que le Spectacle moderne a embrassé jusqu'à présent ; ses Poèmes sont trop remplis de licences. La Pastorale & la Parodie lui conviennent mieux qu'aux autres Théâtres : observations particulières sur tous ce qui concerne le genre de ces deux espèces de Drames. Combien d'Actes doivent avoir les Poèmes du nouveau Spectacle ; & Dissertation sur les Actes en général. On finit par examiner d'où naissent les sentimens qu'on éprouve au Théâtre.

CHAPITRE PREMIER.

De la Comédie-Bourgeoise, ou Comique-Larmoyant.

ON rencontre au Théâtre plusieurs genres de Drames dont on doit parler féparément, parce qu'ils diffèrent en quelque chofe des Poëmes fur iefquels on peut jetter un coup d'œil général. Ce n'eft pas les principales règles qui changent, c'eft la manière de les appliquer.

Quand on fait des obfervations fur deux fortes de Pièces tout-à-la-fois, il faut au moins qu'elles ayent un rapport très-marqué entr'elles, afin que l'on confonde fans rifque ce qui les concerne chacune en particulier.

Ces diverfes réfléxions m'ont engagé à traiter féparément de quelques genres de Poëmes, qu'il était à craindre qu'on ne remarquât pas affez, fi je les avais confondus avec les principaux Drames joués au Théâtre. J'aurais encore couru les rifques de tomber trop fouvent dans des longueurs fatiguantes.

Des différentes fortes de Pièces comiques.

La *Comédie-Bourgeoife* dont il s'agit particulièrement ferait tout à-fait femblable à la Comédie ordinaire, fi l'on ne fe permettait d'y mêler le férieux avec le plaifant. Il parait au prémier coup d'œil qu'elle eft la même chofe que la *Tragi-Comédie*, la *Comédie-Héroïque*, & le *Haut-*

Comique-Larmoyant, puisque toutes ces Pièces renferment du comique & du sérieux. Cependant il est peut être possible de marquer en quoi ces Pièces diffèrent les unes des autres. La *Tragi-Comédie* & la *Comédie-Héroïque* furent fort en usage du tems de Louis XIII, & sous une partie du règne de son Successeur. On y voit des Princes & des Bouffons ; des Reines & des Soubrettes ; & chacun s'exprime selon le caractère qui lui est propre. La plus part des sujets étaient inventés, & avaient un air fort Romanesque. On a donné le nom de *Comique Larmoyant* aux Drames de M. de la Chaussée, où l'on ne voit agir ni des Héros, ni des Rois, mais seulement des Seigneurs de la Cour. Cet Auteur a prêté à la Comédie une noblesse dont on ne la croyait point capable. Ses Vers sont toujours d'une force & d'une élégance qui ravit. Il me semble que c'est avec un art infini qu'il mêle des Personnages un peu plaisans à côté de ceux qui ne doivent être que sérieux : ils ne choquent point tout-à-fait par trop d'opposition ; les nuances sont si bien adoucies, les couleurs tellement ménagées, qu'on est souvent sur le point de n'appercevoir qu'un tout parfait. Une Pièce est du *haut-comique* quand fon principal Perfonnage a des paffions qui ont quelques chofes de relevés , comme celles du *Mifantrope*, du *Glorieux*.

La *Comédie-Bourgeoife* fe diftingue des Drames que je viens de parcourir , parce qu'elle prend fon fujet parmi ce qu'on appelle les honnêtes gens; elle ne met en jeu que des Bourgeois , mais des Bourgeois un peu diftingués , tels que de riches Négocians. Son but eft plutôt de faire pleurer que de faire rire ; elle eft en général plutôt trifte que gaye. Si M. Diderot n'eft pas directement le prémier qui compofa de ces fortes de Poèmes , il eft au moins le prémier qui voulut s'en occuper à l'exclufion de tous les autres. Il nous a montré dans *le Père de Famille* & dans *le Fils naturel* l'idée que nous devions nous former de ce genre. Les tentatives de quelques Auteurs, nous font augurer qu'on cherche à fuivre fon exemple.

Ancienneté du mélange du trifte avec l'enjoué.

Ce n'eft pas d'aujourd'hui qu'on offre fur la Scène le férieux & le plaifant joints enfemble. Les Grecs & les Latins ont eu des Pièces triftes & enjouées tout à la fois. Le *Poliphème* d'Euripide contient plusieurs Scènes qui seraient dignes de la Tragédie. Térence est bien différent de Plaute ; son génie était à peu près le même que celui de quelques Auteurs de nos jours ; plusieurs de ses Comédies inspirent autant la tristesse que la joye ; je me contenterai de citer l'*Andrienne*. Quand la Comédie naquit en France, elle atteignait aux deux genres opposés. *Les Mistères* présentaient les choses les plus saintes à côtés de mille bouffonneries. Sans remonter trop loin, les deux Corneilles composerent des Comédies qu'on peut appeller *Mixtes*. Molière même nous attriste & nous réjouit tour-à-tour dans quelques-unes de ses Pièces, telles que le *Tartuffe*, &c. Enfin, la plus-part de nos Auteurs comiques ont cherchés en tout tems à réunir les deux genres. Néricault Destouches les réunit dans le *Glorieux*, dans le *Dissipateur*. M. de Voltaire n'a composé que peu de Comédies, & l'on y trouve le triste & le sérieux : ai-je besoin de citer l'*Enfant prodigue*, l'*Ecossaise* ?

Nos Voisins ont aussi leurs Drames à la fois plaisans & sérieux. Les Comédies Italiennes sont assez dans le genre du *Comique-Larmoyant* ; plusieurs des Pièces

que les Italiens nous repréſentent chaquĕ
jour à Paris peuvent faire juger ſi je me
trompe. Le caractère des Eſpagnols répand juſques dans leurs farces un certain
air de gravité, & un ſérieux qui permet
rarement à la plaiſanterie de faire tout
ſon éffet. Il n'eſt pas juſqu'aux Comédies
Anglaiſes qui n'inſpirent quelquefois un
ſentiment de triſteſſe; en même-tems qu'elles nous éxcitent à rire; j'en donnerai pour
preuve l'*Aveugle de Bethnal-Green*. (1)

Réfléxions ſur le mélange qu'on ſe permet du Sérieux & du Comique.

Quoiqu'il paraiſſe que le Comique ſe
trouva de tout tems joint au Tragique,
je n'approuve point une pareille aſſocia-
tion; je la crois révoltante & tout-à-fait
ridicule. Chaque genre de Drame doit
avoir ſon caractère propre; confondre
dans un ſeul ce qui doit appartenir à
pluſieurs, c'eſt riſquer de faire un ouvrage monſtrueux, dont les parties n'auront aucun rapport les unes avec les autres. D'ailleurs, il convient beaucoup

---

(1) Voyez le choix des petites Pièces du Théâtre
Anglais.

mieux de n'inspirer qu'un même sentiment aux Spectateurs ; faites leur éprouver ou la douleur ou le plaisir. La Nature
semble nous en faire une loi. Lorsque nous
sommes témoins de quelque événement,
nous ressentons ou de la joye ou de la tristesse : il est rare que ce qui nous affecte
nous inspire tout à la fois des passions
contraires, comme le sont celles que la *Comédie-Bourgeoise* veut éxciter dans notre
ame. Pourquoi me peindre vivement la
situation douloureuse de tel Personnage ?
pourquoi m'obliger d'entrer dans ses peines, si un instant après vous cherchez à
me faire rire ? ne détruisez-vous pas ce que
vous vous éfforcez de m'inspirer ? quel
intérêt puis je prendre à une action qui
donne à mon ame tant de mouvemens
divers ? Lorsque je me livre délicieuse-
ment à la douceur de plaindre un malheureux, faut-il par un bon mot m'arracher
à mon ivresse ? Il est vrai qu'une fois que
l'ame est affectée, elle fait peu d'attention à ce qui pourrait la détourner du
principal objet qui l'occupe. Mais les dis-
tractions où l'on veut la livrer la troublent, la fatiguent. Les Personnages plaisans qu'on met à côté de celui dont l'état
nous touche sensiblement, loin de nous
divertir, nous déplaisent, nous importu-

nent. Un Drame où l'on cherche à faire
rire & pleurer tout à la fois est donc bien
loin de la perfection.

J'ai remarqué pourtant que la plus-part
des Spectateurs d'une Comédie-Bourgeoise, se livraient à la gaieté dans l'instant
qu'ils venaient de s'affliger. Je n'ai fait
une telle découverte qu'avec indignation.
Je me crois autorisé maintenant à mal
penser du cœur humain. Quelle estime
peut-on avoir des hommes, s'ils sont capables de rire, ou même de sourire,
lorsqu'on les croit vivement touché du
malheur de quelque infortuné. Ne serait-
il attendri que superficiellement, ou ne
saurait-il plaindre davantage celui qui
souffre ? Le Satyre de la Fontaine a bien
raison de s'écrier ;

> Arrière ceux dont la bouche
> Souffle le chaud & le froid ! (2)

Cependant, disons en faveur des humains, qu'ils ne sont peut-être point si
méchans que les Auteurs du Comique-
Larmoyant, ou de la Comédie-Bourgeoise, les ont fait paraître aux yeux du
Philosophe. Si l'on fait rire les Specta-

―――――――――――――――――――

(2) Fable de la Fontaine, Liv. 5.

teurs d'une action férieuse & comique,
ne ferait-ce pas que ce qui doit les affliger
n'eft pas affez fortement traité ? car encore une fois, il n'eft guères dans la nature de rire lorfqu'on eft affecté de quelque fentiment de douleur ; & il n'eft guères poffible de s'attrifter vivement quand
on a fujet d'être joyeux. Concluons, qu'on
a tort de mettre du férieux dans un Drame où il y a du plaifant : ces peintures
oppofées ne fauraient faire aucune impreffion, parce que l'une détruit néceffairement l'autre. Veut-on que le cœur de
l'homme foit femblable au Caméléon, qui
prend toutes les couleurs des objets dont
on l'approche ?

CHAPITRE II.

Des différens genres qu'embraffe le nouveau Théâtre.

LE nouveau Théâtre nous offre pareillement plufieurs genres de comiques, les
uns plus relevés, ou moins bas que les
autres : auffi s'étonnera-t-on fûrement que
dans le cours de cet ouvrage j'aie quelquefois nommé le Théâtre moderne *Opéra*

Bouffon, & que j'aie défigné auffi quelquefois fes Drames en général par la même
épithète. On aura peut-être tort de me
condamner. Il m'a femblé que de fortes
raifons m'engageaient à agir de la forte;
& d'ailleurs, fi plufieurs de mes raifonnemens & de mes dénominations paraiffent
quelquefois tomber à faux, j'ai découvert
que mes contradictions apparentes naif-
faient toutes des divers genres adoptés
par le nouveau Spectacle.

Il eft difficile de difcerner le vrai genre du nouveau Spectacle.

Il me fuffirait de citer plufieurs de
fes Drames, qui n'ont aucune reffem-
blance les uns avec les autres. *Blaife le
Savetier* a-t-il quelque rapport avec *le
Cadi-dupé?* Le genre d'*on ne s'avife jamais
de tout* eft-il analogue à celui du *Diable
à quatre?* Mettrons-nous *le Jardinier & fon
Seigneur* dans la claffe de *Tom-Jones?
Sancho Pança* eft-il comparable à *Ifabelle
& Gertrude. Le Maréchal-Ferrant* eft-il du
genre de *la Fée Urgèle?* Qu'on juge combien le Théâtre moderne embraffe de fujets différens : les uns font tout-à-fait bas
& communs; les autres ne le font qu'à
demi. Ceux-là joignent le noble au tri-

vial ; ceux-ci ne se permettent que la grandeur & le magnifique. On en voit dont une idée burlesque, une musique légère & brillante, font le principal mérite ; on en voit dans lesquels l'esprit & la plus fine galanterie nous séduisent tour-à-tour. Quel doit être l'embarras de celui qui entreprend d'écrire sur un pareil Spectacle ? Est il étonnant qu'il paraisse se contredire quelquefois ?

Les autres Théâtres conservent davantage un caractère distinctif.

Qu'on ne croye pas que la Comédie & la Tragédie embrassent tant de genres différens. Le Drame sérieux est toujours le même ; il ne s'écarte jamais du grand & du terrible. La bonne Comédie adopte-t-elle plus de deux genres à la fois ? Le haut comique, où l'on voit un caractère relevé, tels que *le Misantrope*, *le Dissipateur ;* & le comique ordinaire, qui peint en se jouant les moindres ridicules, tels que *le Malade imaginaire*, *Turcaret ?* &c. La Comédie dans ses écarts rappelle toujours l'idée de ce qu'elle doit-être ; on découvre toujours que son genre est de faire rire & de corriger ; au-lieu que chaque Poème de l'Opéra-Bouf-

fon paraît, pour ainfi dire , avoir été compofé pour quelque Théâtre nouveau.

Embarras d'un Auteur qui écrit fur l'Opéra-Bouffon.

Il arrive d'une telle diverfité de fujets
& de genre , qu'il eft très-difficile de le
définir , & de faire à fon égard des obfervations juftes. En effet , fi quelqu'un
veut prouver par l'éxemple d'un de fes
Drames qu'il eft trop bas & trop trivial,
auffi-tôt on lui en oppofe un autre plein
d'efprit & de fineffe. Il eft vrai que la
Comédie nous offre auffi des Drames
tout-à-fait enjouées , & d'autres qui font
plus graves ; mais encore une fois, le
fond de fes Poèmes ne perd jamais le
caractère propre à la Comédie.

Ce Spectacle veut peut-être fe rendre univerfel.

Peut-être que notre Opéra fe pique
de vouloir être univerfel. Le deffein ferait beau s'il était poffible de l'éxécuter.
Mais l'on ne voit que trop que lorfqu'on
veut éxceller dans tous les genres, on
parvient enfin à ne fe diftinguer dans
aucun. Que les Poètes de notre Opéra

se ressouvienne de l'ancien proverbe, *qui trop embrasse mal étreint.*

Qu'on fait bien d'appeller le nouveau Théâtre, Opéra-Bouffon.

Après bien des réfléxions, j'ai cru découvrir que le vrai genre du Théâtre moderne était le bas & le burlesque. C'est pourquoi j'ai défini l'Opéra-Bouffon de la manière qu'on a dû le voir au Chapitre trois du Livre troisième. S'il m'arrive quelquefois de désigner ses Drames sous l'épithète de bouffons, ce n'est pas que je ne sçache qu'on peut m'en montrer plusieurs qui ne la méritent pas ; mais en général c'est le nom qui convient le mieux à ce Spectacle frivole & plaisant, à la manière dont ses Drames sont traités, & au genre qui le caractérise. Et d'ailleurs c'est la dénomination générale que lui donne le Public.

Que le titre de ses Poèmes doit en marquer le genre.

Il est pourtant utile de remarquer ici, que les diverses manières d'indiquer les Drames du nouveau Théâtre furent imaginées, afin de désigner les différens genres qu'il embrasse. Un Auteur ne doit pas ignorer l'usage qu'il faut faire des épithètes qu'on a donné jusqu'à présent aux Poèmes de notre Spectacle favori. Un petit Drame sans musique, rempli de couplets sur des airs connus, s'appelle *Opéra-Comique*. Celui qui ne contient que des Ariettes, dont le sujet est extrêmement gai, dans lequel il y a plus d'action que de paroles, & qui offre une intrigue basse, ainsi que des caractères communs ; doit être appellé *Opéra-Bouffon*. Il s'en suit de-là que presque tous les Poèmes qui paraissent chaque jour au Spectacle moderne ne sont point justement désignés. Je citerai pour éxemple *les deux Chasseurs & la Laitière*, à qui l'on donne le titre de *Comédie-mêlée d'Ariettes*. Le Drame chantant & comique dont le genre est un peu relevé, dans lequel on introduit des choses, de la délicatesse dans l'expression & dans les Personnages, un Dialogue passable, d'une certaine étendue ; mérite d'être décoré du titre de *Comédie-mêlée-d'Ariettes*. On a très-bien nommé *l'Ecole de la jeunesse*, *la Fée Urgèle*, *Isabelle & Gertrude*. Mais ce sont peut-être les seules Pièces que l'on puisse citer. Je n'ai rien à remarquer au sujet de *Comédie-lyrique*. C'est sans douté un badinage de l'Auteur, qui ne doit nullement tirer à conséquence. On a dit les *Odes-lyriques* des Grecs & des Latins; on ne s'était point encore avisé d'imaginer une Comédie *lyrique*, ou qui se chante sur la lyre. Il vaudrait peut-être mieux dire tout simplement *Comédie-chantante*. Enfin ceux qui veulent travailler pour le Spectacle de la Nation, auront soin de s'instruire des noms qui conviennent à ses différens Drames. Je ne leur conseille point de prendre pour leurs maîtres à cet égard les Poètes qui s'y sont distingués. Ces Messieurs appellent leurs Pièces comme il leur vient en fantaisie, sans considérer que le genre de l'Ouvrage doit le faire nommer ou comique ou bouffon.

Les Acteurs du nouveau Théâtre voudraient le faire changer de forme.

J'avertirai les jeunes Poètes, que je sais de bonne part que les Acteurs du nouveau Théâtre ont résolus de préférer les Poèmes dont le genre serait un peu relevé. Leur dessein est de refuser tous ceux qui seraient bas, trivials, & qui ne peindraient que des gens de la lie du

Peuple. Mais qu'on ne s'éffraye pas. Ces Messieurs aiment trop leur intérêt pour suivre de sitôt un tel projet. Ils ont fait jusqu'à présent comme ces jeunes Personnes dont le cœur est fragile ; après avoir fait un faux pas, elles jurent que le pied ne leur glissera plus ; mais cédant doucement à la tentation, elles oublient bientôt leurs sermens.

CHAPITRE III.

De l'Indécence.

L'Opéra-Bouffon ne se piquat jamais de ménager la pudeur. Ses Drames de la fin du siècle passé, ceux qui firent briller son Théâtre au commencement du siècle où nous sommes, & la plus grande partie des Pièces qui nous enchantent maintenant, ne sont guères consacrées aux bonnes mœurs, à l'amour de la vertu. Il semble se plaire à couvrir de rougeur le front naïf de l'innocence. Quelques-uns de ses bons mots sont remplis de ce qu'on appelle la grosse plaisanterie. Ses Ouvrages modernes sont semés de traits piquans, de quolibets & d'équivo-

ques, qui font souvent baisser les yeux
à la femme la moins susceptible de hon-
te; & qu'approuve à peine le libertin
déterminé. C'est un plaisir de voir souvent à son Théâtre les Dames se couvrir
de leur éventail, en feignant une extrême
pudeur. En un mot, il paraît s'être fait
un genre de l'indécence; ses dernières
Pièces sur-tout me confirment dans cette
idée. La Comédie & la Tragédie mettent toujours l'amour en jeu; notre
Opéra, plus hardi dans ses entreprises,
met l'indécence en action, ou du moins
peu s'en faut.

Qu'on aurait tort de dissimuler les indécences du Spectacle moderne.

Puisque j'ose parler de la sorte contre
le nouveau Théâtre estimé de toute la
France, qu'on soit certain que je n'a-
vance rien que de vrai, & qui ne me
soit très-facile à prouver. Je n'aurais eu
garde de dire le moindre mot de ses
licences, si elles n'étaient connues de
tout le monde. Il vaut mieux avertir ses
Poëtes de se corriger, s'il est possible,
de leur penchant à flatter le vice, plutôt
que de les encourager, par une lâche
adulation, à persister dans leurs erreurs,

& à continuer à rendre le nouveau Spectacle indigne de l'eftime de l'honnête homme.

Ses licences lui attirent un grand nombre d'énnemis.

Les penfées, les peintures indécentes qui fourmillent dans les Pièces du Théâtre moderne lui ont attiré grand nombre d'énnemis, & groffiffent chaque jour le nombre de ceux qui le méprifent. S'il daignait m'en croire, il rejetterait loin de lui tout ce qui peut bleffer la délicateffe, & révolter la vertu fcrupuleufe. J'éxhorte les Poètes qui fe propofent de travailler en fa faveur, à ne rien laiffer gliffer dans leurs Ouvrages qui ne foit digne de charmer tous les honnêtes gens.

Les vices du fiècle ne doivent point raffurer les Auteurs de l'Opéra-Bouffon.

Il eft vrai que nous vivons dans un fiècle corrompu, que les tableaux licencieux enchantent, féduifent; mais il eft encore des gens refpectables qui prennent le parti de la modeftie outragée,

qui déteſtent tout ce qui eſt contraire
aux bonnes mœurs. Songez en écrivant
un drame, n'importe pour quel Théâtre
il ſoit deſtiné, que votre Ouvrage doit
être vu par une grande partie du Royaume. Or eſt-il probable qu'elle ne ſoit
compoſée que de libertins, qui ne demandent que des èxpreſſions & des images indécentes? & d'ailleurs, je ne conſeille aux Poètes d'être réſervés dans
leurs expreſſions, & dans les images qu'ils
mettent dans leurs Drames, qu'après
avoir étudié le cœur humain. Tel vicieux
qu'il ſoit, il veut qu'on le ménage, &
qu'on feigne de le prendre pour ce qu'il
n'eſt pas; il ſe révolte quand on le traite
en libertin; ainſi qu'il eſt des malades qui
s'éfforcent de cacher le mal qui les ronge,
& qui s'emportent lorſqu'on leur ſoutien
qu'ils ont perdu la ſanté. Si nous haiſſons
la vertu, nous en chériſſons au moins
l'apparence. Il eſt donc important de ne
rien offrir au Théâtre qui puiſſe bleſſer
l'imagination, la bienſéance y doit être
obſervée avec un ſoin infini. « Non que
» les mœurs de la plus-part des Spec-
» tateurs ſoient épurées; il eſt arrivé,
» par je ne ſçais quelle biſarrerie, que
» plus il y de corruption dans le cœur,

» plus on est venu délicat sur les expres-
» sions & sur les images». (3)

Réfléxion qu'on prie les Poètes licencieux de vouloir faire.

Peut-être que si les Auteurs de nos jours fesaient encore la réfléxion que je vais mettre ici, nous ne verrions pas tant de Livres où le vice caressé est dépeint avec les couleurs les plus riantes. Les Partisans de la sagesse sont estimables, on ne peut en disconvenir ; pourquoi se priver de leur suffrage, qu'il est si doux, si flatteur, de se procurer ? Vaut-il mieux plaire à des gens livrés à toutes leurs passions, plutôt qu'à des cœurs toujours remplis de la vertu? Sentiment précieux qui porte au bien, divine Vertu, le débauché même ne peut se défendre de te respecter ; ton idée seule fait éprouver une certaine douceur ! Cette réfléxion, si un Poète licencieux était capable de la faire, doit engager à rompre, à briser ces crayons coupables, qui prêtent tant de charmes à la Volupté.

---

(3) L'abbé Nadal. préface de Mariamne.

L'Opéra-Bouffon est le seul Spectacle qui ne soit point encore épuré.

La licence est bannie depuis long-tems de nos Théâtres. Faut-il que le Spectacle moderne réssuscite ces farces dissolues, où la Sagesse ne se montrait jamais que pour être tournée en ridicule ; & dans lesquelles chaque bon mot était une grossièreté ? tandis que les autres Spectacles sont devenus l'école des mœurs, l'amusement le plus honnête & le plus utile ; notre Théâtre favori doit-il être le centre de l'indécence ; doit-il s'appliquer à exciter les passions ? Tous ses Spectateurs ne seraient-ils que des libertins & des hommes corrompus ? Une pareille idée ne peut entrer dans l'esprit : pour quoi donc flatter les vices & les faiblesses humaines ? Je crains bien que les sévères censeurs du Théâtre n'en prennent occasion de crier de nouveau contre ceux qui composent des Drames, qui les jouent, & qui assistent à leur représentation. Ils confondraient les innocens avec le coupable. Mais ils n'y regardent pas de si près. J'avouerai de bonne foi que si la Comédie récitée ressemblait à l'Opéra-Bouffon, & à la Comédie-mêlée-

d'Ariettes, elle ne ferait pas tout-à-fait
si digne de louanges, & qu'elle mérite-
rait un peu les Anathèmes lancés contre-
elle.

Il n'est rien de plus nuisible que la Volupté.

La Volupté fut de tout tems regardée
comme nuisible aux humains; ceux qui
ont sçu se défendre de ses charmes se
sont acquis une gloire immortelle. Elle
est bien plus qu'une faiblesse. Voici ce
qu'en dit Plutarque. Je me sers toujours
en citant cet Auteur Grec de la traduction naïve d'Amiot. « La Volupté dissout
» les corps, les amolissant de jour à autre
» par délices, dont l'usage continuel fau-
» che la vigueur, éteignant les forces,
» tellement que les faiblesses & maladies
» viennent en foule; & dès la jeunesse
» on commence à faire apprentissage de
» vieillesse ». Or que penserons-nous d'un
spectacle qui nous vante les attraits de
cette volupté pernicieuse, & qui nous
contraint à nous livrer à ses impressions?
Il n'est pas malheureusement nécessaire
de s'efforcer beaucoup à nous la faire
chérir. « La Nature à des ressources infailli-
» bles pour faire naître & pour enflam-

» mer les paſſions ». (4) c'eſt donc un redoublement ſuperflu de méchanceté, & bien de l'art inutile, que de couvrir de fleurs un abîme vers lequel l'illuſion de nos ſens nous entraîne chaque jour.

Notre Opéra croit peut-être nous amuſer innocemment. Mais comme a dit encore l'Auteur que je viens de citer à l'inſtant ; « les impreſſions du plaiſir ſont » toujours dominantes » Il eſt aſſez difficile qu'il ne nous reſte au fond du cœur de vives impreſſions de tant de peintures agréables & voluptueuſes. On remporte, en ſortant de quelques Pièces du Théâtre moderne, une langueur, un fond de tendreſſe, qui peut faire par la ſuite bien du ravage. Ecoutez ce que dit Corneille-Agrippa ; je vais me ſervir des mêmes termes d'une ancienne traduction. « La » décle& ation que l'on prend en choſe » laſcive eſt vicieuſe & approchante de » crime ». Soyons ſur nos gardes à la repréſentation des Drames où reſpirent la tendreſſe & le plaiſir ; ou plutôt que les Auteurs ayent quelques égards pour la faibleſſe humaine, en ne mettant rien dans leurs Ouvrages qui puiſſe l'ébranler ni la porter au mal.

---

(4) L'Abbé Prévôt, dans Cléveland.

L'indécence voilée est plus dangereuse
que celle qui se montre à découvert.

Les Auteurs de notre Opéra se croyent
peut-être moins coupables parce qu'ils
sçavent exprimer avec délicatesse ce qui
pourrait allarmer la pudeur ; parce qu'ils
étendent un voile léger sur les objets qu'ils
n'oseraient découvrir entièrement. Mais
en est-ce assez ? n'en sont-ils pas moins
repréhensibles ? Cette maxime de Boileau
les rassure peut-être & les induit en erreur :

L'amour le moins honnéte exprimé chastement
N'éxcite point en nous de honteux mouvement.

Il ne faut pas de grands éfforts d'esprit
pour montrer le faux & le ridicule de
ces deux Vers. On a toujours pensé qu'un
Ouvrage licencieux, écrit avec art, avec
ménagement, était plus dangereux, trouvait plutôt le chemin du cœur, qu'un
Livre qui ne nous laisse rien à deviner,
& qui méconnaît le mérite des expressions fines & délicates. La modestie,
l'adresse du naïf la Fontaine, font des impressions plus vives dans l'ame de ses
Lecteurs, que la licence éffrénée de Grécourt & de l'Arétin. Le conseil que
donne

donne ailleurs Boileau dans fa poètique,
a féduit encore les Auteurs du nouveau
Spectacle : l'amour, dit-il, fait un bel
éffet dans un Ouvrage ;

Et de cette paffion la fenfible peinture
Eft pour aller au cœur la route la plus fûre.

Mais il faut bien fe garder de la peindre avec des couleurs trop fortes, cette
paffion fi vive, fi dangereufe. La magie
du Spectacle, la vue d'une aimable Actrice ; les beautés qui rempliffent les
loges ; tout nous porte affez à l'amour,
fans qu'il foit néceffaire de compofer des
Drames dont l'intrigue agréable & galante, dont le ftile léger & délicat, nous
invitent à nous livrer à la tendreffe.
Saint Auguftin a connu le danger qu'on
courait à des repréfentations trop voluptueufes des paffions qu'infpirent l'amour ;
» J'avais, dit ce grand homme, (3) un
» penchant éxceffif pour les Spectacles
» du Théâtre ; ils me peignaient au na-
» turel mes faibleffes, me les fefaient
» aimer ; vantant la douceur des flammes
» amoureufes, ils entretenaient le feu
» qui me dévorait ».

____

(3) Confeffions de St. Auguftin.

TOME II.   B

Qu'on peut appliquer à notre Spectacle le sentiment de certain Auteur.

Certain Auteur prétend qu'on ne fait réuſſir un Drame qu'en flattant les paſſions des cœurs corrompus ; voici ſes termes : « Peut-être même qu'en recher» chant la méchanique de celles de nos » Pièces qui ont fait le plus de bruit, on » trouvera que c'eſt en elles un fond de » ce même libertinage qui produit dans » la repréſentation je ne ſais quelle eſ» pèce d'illuſion & d'enſorcellement ». (4) Je plaindrais notre Opéra s'il ne devait ſes ſuccès qu'à un ſemblable moyen : heureuſement que la muſique le met à couvert d'une partie du ſoupçon.

Le Philoſophe même peut ſe laiſſer attendrir à des images voluptueuſes.

Le Spectacle moderne s'appuyrait-il d'une maxime de Sénéque le Philoſophe, pour nous prouver que les gens remplis de la ſageſſe ne courent aucun riſque à

---

(4) L'Abbé Nadal, Préface de ſa Tragédie de Mariamne.

la repréfentation de quelques-uns de fes Drames ? Il eft vrai que Sénéque avait coutume de dire ; « Le Sage eft fuffifam- » ment muni contre les paffions, elles » ne fçauraient le vaincre, elles n'ont » aucun empire fur celui que la vertu » pénètre ; il n'eft point d'obftacle qui » puiffe l'empêcher de la chérir fans » ceffe ». Le Philofophe Latin avait peut-être raifon de fon tems. Mais les Sages de nos jours font bien faibles.

Il eût été dangereux, en parlant de l'Opéra-Bouffon, de ne rien dire au fujet de l'indécence.

Il n'eft donc point de prétexte qui puiffe autorifer un Poëte à peu refpecter les bonnes mœurs. Les Pièces de Théâtre fur-tout doivent-être remplies de leçons de vertus, loin de rendre le vice aimable. Je fais une remarque ; je fuis un des prémiers qui, en parlant des Drames, ait averti d'en bannir la licence. Les Auteurs de Poëtique n'en ont prefque rien dit, parce qu'ils ont crus qu'il ferait inutile de faire de longs difcours fur une chofe qui fe prouvait d'elle - même. Soyons certains pourtant, que s'ils avaient écrits de nos jours fur la Comédie-mêlée-d'Ariettes, il n'auraient eu garde de man-

quer à faire sentir combien l'indécence
sied mal au Théâtre, ainsi qu'ailleurs. Il
eût été trop dangereux de garder le
silence. Les Pièces qu'ils auraient eu sous
les yeux, leur auraient montré l'importance d'une vive sortie contre le genre
plus que galant.

Le Théâtre des Anciens respectait toujours les mœurs.

Les Anciens étaient scrupuleux dans
la Tragédie, ils en bannissaient toute
idée obscène; les passions, les effets de
l'amour n'y paraissaient qu'avec les plus
grands ménagemens : c'est qu'ils y peignaient l'innocence de leurs mœurs, &
que la tendresse ne fut jamais l'unique
occupation de leur vie. Où peut-on trouver plus de délicatesse & de bienséance
que dans le procédé d'*Oreste*, dans la
Tragédie Grecque d'*Iphigénie en Tauri-
de*? ce Prince, par pudeur, ne veut pas
dire à sa sœur quel crime a commis sa
mère *Clitemnestre* : que les Poëtes de
l'Opéra-Bouffon se proposent un si bel
exemple de modestie ; qu'ils gravent aussi
dans leur mémoire ces sages préceptes
de Boileau :

Le Latin dans les mots brave l'honnêteté;
Mais le Lecteur Français veut être respecté;

Du moindre sens impur la liberté l'outrage,
Si la pudeur des mots n'en adoucit l'image (5).

. . . .

. . . .

Je ne puis estimer ces dangereux Auteurs,
Qui de l'honneur en vers infâmes déserteurs,
Trahissant la vertu sur un papier coupable,
Aux yeux de leurs Lecteurs rendent le vice
      aimable.

M. de Voltaire s'élève fortement contre les Pièces licencieuses.

Ecoutons maintenant M. de Voltaire ; & songeons à ce que répondit certain Prédicateur à qui l'on reprochait que sa conduite démentait ses discours ; réglez-vous, dit-il, sur mes paroles & non pas sur mes actions. Voici les propres termes de l'Auteur immortel de tant de Tragédies célèbres : « Ce n'est pas même » connaître le cœur humain de penser » qu'on doit plaire davantage en présen-» tant des images licencieuses ; au con-» traire, c'est fermer l'entrée de l'ame » aux vrais plaisirs. Si tout est à décou-

---

(5) J'ai dit plus haut, qu'il fallait même que les Auteurs, sur-tout ceux qui travaillent pour le Théâtre, n'eussent ordinairement rien à voiler.

» vert, on est rassasié, il ne reste plus
» rien à chercher, rien à désirer, & l'on
» arrive tout d'un coup à la langueur,
» en croyant courir à la volupté. Voilà
» pourquoi la bonne compagnie a des
» plaisirs que les gens grossiers ne con-
» naissent pas.... Les Spectateurs en ce
» cas sont comme les amans qu'une jouis-
» sance trop prompte dégoûte; ce n'est
» qu'à travers cent nuages qu'on doit
» entrevoir ces idées qui feraient rougir
» présentées de trop près. C'est ce voile
» qui fait le charme des honnêtes gens;
» il n'y a point pour eux de plaisir sans
» bienséance ».

J'espère après cela que le nouveau
Théâtre sentira la nécessité de se corriger,
& que ses Poëtes rougiraient s'ils se permettaient encore des indécences. Ce que
je viens de dire, & les grands exemples dont j'ai eu soin de m'autoriser,
l'engageront peut-être à une réforme gé-
nerale. Ne pouvant plaire tout-à-fait à
l'esprit, il fera du moins ses éfforts pour
contenter les mœurs.

Raison pour quoi l'on court au Spectacle moderne, quoiqu'il soit quelquefois indécent.

On me demandera comment il est

possible qu'on soit si difficile , & qu'on
aille tous les jours au nouveau Spectacle,
sans paraître scandalisé de plusieurs de
ses Drames? je répondrai, que l'idée
peu avantageuse qu'on s'est formée du
genre de notre Spectacle, en est la véritable cause. On le regarde , sans doute,
comme un Théâtre consacré à la licence,
qu'il serait ridicule de reprendre de ses
manières enjouées & libres , parce qu'elles
sont une des principales parties de lui-
même ; & que sans elles il n'éxisterait
plus. C'est être furieusement dans l'erreur ! son genre , loin d'être si méprisable , est de former une espèce de Comédie simple , dont l'action & les personnages n'ayent rien de commun avec
ceux qui nous sont connus ; & de tirer
avantage du goût qu'ont les Français
pour une musique étrangère. Voit-on
dans cette juste définition qu'il soit obligé
de manquer aux bienséances ?

Qu'il est nécessaire de rapporter quelques endroits des Pièces modernes, qui sont les plus licencieux.

Il me paraît à propos de rapporter
quelques endroits indécens des Pièces du
nouveau genre. Je vais en faire passer

un petit nombre fous les yeux du Lecteur, le plus décemment qu'il me fera poffible. Je donne des éxemples des défordres où plufieurs Auteurs du nouveau Théâtre fe font livrés, des images licencieufes qu'ils préfentent à l'efprit & au cœur ; afin de montrer aux jeunes Poètes ce qu'il faut éviter, & la réferve qu'on doit avoir en écrivant.

Pigmalion.

Notre Opéra fut toujours hardi dans fes peintures ; il annonça dès en naiffant qu'il ferait peu fcrupuleux : & fe ferait toujours gloire de parler & d'agir librement. Voici comme il s'exprimait en 1745. On joua fur fon Théâtre une Pièce intitulée *Pigmalion* ; (6) la Statue de ce fameux Sculpteur, animée par *Jupiter*, répond d'abord naïvement à l'Amour que *Pigmalion* reffent pour elle. Mais elle lui préfère enfuite fon Elève, parce qu'il eft plus jeune. Elle s'en approche & lui demande comment il s'appelle. « Madame, lui répond celui-ci, je « me nomme *Califfon* ; pour vous fervir ; elle s'écrie auffi-tôt ; « je voudrais bien » vous fervir auffi ! » Lorfque *Pigmalion*

---

[6] De Panard.

vient offrir ſon cœur & ſa main à ſa
chère Statue, il eſt tout ſurpris qu'elle
ſçache déjà ce que c'eſt que le mariage.
« Promettez-moi, dit-elle, que vous ſerez
» ſoumis, complaiſant, que vous filerez
» doux, que vous aurez toute la peine,
» & moi tout le plaiſir ». Ce n'eſt pas tout,
ajoute-t elle :

> Lorſque vous ſerez mon époux,
> Afin que je vous aime,
> De tems-en-tems abſentez-vous.

PIGMALION.

> Ma ſurpriſe eſt extrême!
> Moi, m'abſenter ?
> Moi, vous quitter ?

LA STATUE.

> Je vous le recommande.

PIGMALION.

> Sans votre époux,
> Que ſerez-vous ?

LA STATUE.

> Eſt-ce que ça ſe demande ?

Dans une des Scènes ſuivantes, *Pigmalion* ſurprend ſa Belle qui baiſe la
main du jeune Elève ? Ah, Madame,
s'écrie-t-il, que faites-vous là ? Elle ré-

pond fans s'éffrayer ; «ce qu'on fait
» quand on aime ». *Califlon* fe juftifie
d'ofer aimer la Statue, par ce couplet:

> Ne dois-je pas être aimé d'elle ?
>
> J'eus part à ce friand morceau ;
>
> Et c'eft de moi que cette belle
>
> Reçut le prémier coup de cifeau.

Le Peintre amoureux de fon modèle.

Voyons fi dans un âge plus mur notre
Opéra devint plus réfervé. Je paffe tout
de fuite au *Peintre amoureux de fon modèle*. Les mœurs des Perfonnages de cette
Pièce font on ne peut plus libres. On
ne fait ce qu'éxaminait *Alberti* dans fon
tête à-tête avec la douce, la commode
Laurette, lorfqu'il eft pris fur le fait.
» J'éxamine fa main.—— ma main !— fa
» main ! » Sa main revient fi fouvent,
qu'on s'apperçoit que l'Auteur craint de
trouver des Spectateurs trop crédules. Il
les avertit encore de ne point s'y mé-
prendre, en fefant adreffer à *Alberti* ces
mots pleins de délicateffe ;

> Ne vous retenez pas,
>
> Et prenez vos ébats.

Que penferait-on d'une jeune perfonne
qui découvrirait ainfi fon caractere ?

Dans le badinage,
L'amour se plaît,
Comme un enfant qu'il est ;
Sous ses loix si jamais je m'engage,
Ce sera par la gaieté :
Je veux trouver dans l'esclavage
Tous les agrémens de la liberté.

La bonne *Jacinte* répond en femme complaisante ;

Ah, vous aimez l'amour badin !
C'est fort bienfait.

La Scène VI. du second Acte est peut-être d'une volupté trop vive ; je parle de cette Scène où la belle *Laurette* dans une attitude voluptueuse se laisse peindre en *Vénus*, recevant le Dieu Mars.

Cendrillon.

Laissons cet Opéra, & jettons les yeux sur un autre. Le hazard me fait rencontrer *Cendrillon*. Je trouve à la Scène XII. un endroit que la décence ne doit point avoir applaudi. Le Prince *Azor* tient dans sa main une pantoufle qui l'enchante par sa petitesse ; il s'écrie dans son transport ;

Le joli pied ! ah, qu'il me plaît !

Pierrot son confident répond à cette apostroffe ;

> Oui, mais tient-il ce qu'il promet?

Et comme fi ce n'était pas affez, il ajoute ;

> Par cet échantillon ,
>
> Vous jugez d'une belle ;
>
> Vous perdez la raifon :
>
> Pardonnez à mon zèle ;
>
> Mais , en honneur,
>
> C'est une erreur ;
>
> Souvent le pied le plus mignon
>
> Sert à porter une laidron ,
>
> Une laidron.

Il fuffit d'avoir lû Ovide pour comprendre le fens de ce couplet. (7)

Blaife le Savetier.

Je me hâte d'arriver au tems où l'Opéra-Boufon s'éleva au comble de la gloire, à l'aide de la mufique. Sans doute qu'il fera plus fage & plus modéré. *Blaife le Savetier* peut être regardé comme la prémière caufe de fon triomphe. Mais

---

(7) *Nofcitur ex pedibus quantum fit virginis antrum,*
Nafcitur ex nafo quanta fit hafta viri.

combien d'indécences ne découvre-t-on pas dans cet Ouvrage? La Scène V. est une peinture qui passe un peu la raillerie ; elle est, pour le moins, aussi indécente que celle du *Tartuffe*, lorsqu'il pose une main caressante sur les genoux de Madame *Orgon*, & qu'il admire la finesse de la dentelle qui couvre sa gorge. Aurait-on cru que de nos jours on eût osé mettre sur le Théâtre une pareille Scène ? « Nous sommes seuls— votre » femme doit revenir.... la porte... je » vais la fermer ». Quelle idée se forme dans l'esprit du Spectateur pendant ce Dialogue ? & lorsque M. *Pince* pose avec distraction sur l'établi sa canne & son chapeau, en chantant,

Ah, quels momens! ah, quel délice!

Ah, que de plaisirs j'entre-voi!

La Scène entre *Blaise* & Madame *Pince* est encore plus forte. J'admire le sujet des plaintes qu'allègue notre Savetier contre sa femme. « On est jeune, dit-il, » on est caressant ; je suis toujours à lui » faire mille amitiés ; si je m'en croyais, » je lui en ferais toute la journée. A » l'instant même.... elle me rebute, elle » me repousse ». Voila ce qn'on appelle un excellent moyen de répandre de l'ac-

tion dans un Drame. Madame *Pince*
parle auffi fur le même ton ;

> Quand je m'approche , (*de fon mari.*)
> Il me reproche
> Que je fuis toujours prés de lui.
> Il me repouffe ,
> Et puis il touffe.
> *Je ne puis mourir que d'ennui.*

On ne s'avife jamais de tout.

Parcourons maintenant *On ne s'avife
jamais de tout.* Le tendre d'*Orval* dit à
Life ;

> Quittons , Life , quittons ces lieux,
> Ufons des inftans précieux
> Que la fortune enfin nous laiffe.

La vertueufe *Life* lui répond un inftant
après, « ah ! ce qu'il vous plaira». Remarquez cette façon délicate de gâzer les
chofes. Voici comme M. *Tuë* s'exprime
tandis que fa pupille eft renfermée avec
d'*Orval.* « Hé ! je n'ai pas le tems de me
» remettre , pendant ce tems-là . . . . » &
plus bas , » & ne croyez-vous pas qu'ils
» fongent à vous ouvrir ? » & dans l'a-
vant dernière Scène ; qu'il me la rende.
» telle qu'elle eft ». Je demande fi l'on

ſe douterait que je tranſcris des paſſages
de Pièces jouées publiquement, & à la
repréſentation deſquelles on court en
foule ?

Le Jardinier & ſon Seigneur.

Mais ce n'eſt encore rien que tout cela ;
dans *le Jardinier & ſon Seigneur* on voit
toucher la gorge à une jeune fille :

> Qu'avez vous là ?
>
> Souffrez que je touche cela.

Que nous laiſſe à deviner ce ſens in-
terrompu ?

> Elle a la taille fine,
>
> Et même j'imagine, ...

C'eſt grand dommage que la bonne in-
tention de *Roſalie* ſoit ſans éffet , &
qu'elle ne puiſſe apprendre à la petite
Fanchette ce que l'on entend en diſant,
« que les filles de Pantin & de Bagnolet
» n'ont beſoin que d'un ſimple flageolet
» pour danſer, tandis que celles de je ne
» ſçais quel hameau ne danſent qu'au ſon
» des trompettes». Mais l'Auteur a fait en
ſorte que les gens un peu fins ſe paſſaſ-
ſent de l'explication.

Me voici arrivé à un Opéra dans lequel
la bienſéance n'eſt guères reſpectée ; c'eſt

Maʒet. Avant de le parcourir, je poserai d'abord un principe incontestable.

Qu'un sujet indécent rendu public, n'est aucunement propre pour le Théâtre.

Il faut se garder de choisir le sujet d'un Drame dans des Ouvrages connus par leur indécence ; parce qu'il est bien difficile de le traiter selon ce que la bienséance éxige, quelque art qu'on y employe. Le Public, qui sçait la source où vous avez puisé, lève sans peine le rideau qui couvre ce que la rigueur des loix du Théâtre vous oblige de voiler. Son imagination prévenue va toujours au devant des objets ; il achève ce que vous n'osez dire qu'à demi ; il en voit dix fois plus qu'on ne lui en représente. Qu'est ce qui ignore le Conte de la Fontaine dont le sujet de *Maʒet* est pris mot-à-mot ? Or une semblable Pièce peut-elle remplir les Spectateurs d'idées honnêtes ? Je voudrais au moins qu'on mit un nom différent aux Drames qui nous sont inspirés par un Ouvrage licencieux, & malheureusement trop public. Ce serait un moyen de le déguiser & de le rendre plus digne d'occuper la Scène.

Mazet.

Examinons fi l'Auteur de *Mazet* a tellement caché fon fujet, qu'on ne puiffe
s'appercevoir des indécences qu'il contient. Je trouve dès la prémière Scène
que la pudeur doit commencer à s'allarmer.

> Servir chez des femelles
>
> Eft un métier de chien ;
>
> Quoiqu'on faffe avec elles,
>
> On ne fait jamais bien ;
>
> Il faut être à l'attache ;
>
> On n'a point de relâche,
>
> Ni la nuit ni le jour.

A chaque ligne on eft averti que le
genre de cet Opéra Bouffon refpire la
volupté, l'amour du libertinage. L'attention du Spectateur eft fouvent réveillée ;
on l'avertit de prendre garde aux équivoques, aux fines plaifanteries ; & aux
images voluptueufes qu'on eft contraint
de faire paffer rapidement. Admirez cette
chûte ;

NUTO.

Et quel eft ton deffein ?

MAZET.

d'aller trouver la belle,

De lui compter de bout-en-bout
L'amitié que je fens pour elle ;
Et de lui demander fi je fuis de fon goût.

N u t o.

Eh, bien ?

M a z e t,

toujours eh bien. . . . le refte va de fuite.

Eft-on encore la dupe de cette façon de dire les chofes ? C'eft Dame *Gertrude* qui s'emporte contre *Nuto*, parce qu'il prend congé d'elle :

Mais tu fais bien,

Et tu te rends juftice ;

Pour le fervice,

Tu n'eft plus propre à rien,

à rien.

Qui ne conçoit le fens caché de ces Vers ?

Mais une femme hautaine

Vous donne bien plus de peine ;

Tout le long de la femaine,

Travaillez à perdre haleine,

Toujours elle fe plaindra ;

Elle n'eft jamais contente ;

Elle *excéde*, impatiente,

Et vous réduit aux abois....
Jugez quand elles sont trois.

L'allégorie n'achève-t-elle pas d'être clairement èxpliquée par cette Ariette ?

Je sens qu'un Vieillard,
Parmi des fillettes,
Encore jeunettes,
Est mis à l'écart.
Mais un égrillard,
De mine joyeuse.
De trempe amoureuse,
Leur plaît tôt ou tart.
Auprès de la vieille,
Je ferai merveille:
Elle m'aimera,
Quand elle verra
Avec quel courage
Je vais à l'ouvrage.
Quand il faut bécher,
Quand il faut piocher,
Rien ne m'épouvante.
Les nièces, la tante,
Bientôt diront, oh ! oh !
Voilà ce qu'il nous faut.
Mazet, oui, Mazet,
Est notre fait.

L'Auteur a-t-il mis ſans dèſſein ?

Son ſeul défaut, hèlas !
C'eſt qu'il ne parle pas.

LES TROIS FEMMES.

Ce n'eſt pas l'embarras.

Pourquoi *Thérèſe* craindrait-elle tant d'être ſurpriſe avec *Mazet*, ſi elle ne voulait que ſe jouer innocemment de ce pauvre garçon ! Pourquoi engage-t-elle ſa ſœur à faire le guet tandis qu'elle ſera avec lui ? Le Conte de la Fontaine revient ici dans la mémoire, & répand ſur les Scènes qui ſuivent, un air d'obſcènité qui ne les rend dignes de plaire qu'à des libertins. L'arroſoir eſt ſur-tout placé très-à-propos. Qui ne rougit en entendant cette Ariette ?

Ce petit coin eſt en réſerve :

Ce ſont des fleurs que je conſerve ;

J'en aurai ſoin, n'y touche pas.

Je les cultive & j'en diſpoſe.

Pour t'occuper fais autre choſe,

Cela t'afflige ? eh, bien, arroſe,

Arroſe tant que tu voudras.

Le jeu de l'Actrice, le charme de la muſique, le ſouffle de la volupté qu'on respire aux Spectacles lyriques, remplissent nos sens dans cet endroit d'un trouble, d'une langueur involontaire; & font presque tomber la gaze légere qui cache aux Spectateurs une partie de la vérité La manière dont s'èxprime *Isabelle*, qui se lasse de faire le guet, achèverait de montrer de quoi il s'agit, si l'on était encore à l'ignorer.

Avez-vous bientôt fait?

Ma sœur, il me paraît que le jeu vous amuse.

Avançons. Quelle est la femme assez dévergondée pour parler avec aussi peu de retenue à un homme qu'elle ne connaît que depuis un jour, tout au plus?

Cette mine friponne

En secret m'éguillonne,

Je ne sçais quoi m'enflamme,

Et maîtrise mon ame.

Eloigne-toi, mon fils:

Je ne sçais où j'en suis.

Mais non demeure là.

. . . . . .

Hé, bien! *qu'est ce qui t'arrête?*

Profite de la conquête

que l'amour

t'offre en ce jour.

Quand même il ferait naturel qu'une femme pouſſat l'oubli de ſes devoirs juſqu'à ce point, ce n'eſt pas au Théâtre qu'on doit nous peindre de pareils tableaux. Enfin, cette Pièce ſi vertueuſe, ſi utile aux bonnes mœurs, ſe termine d'une manière digne d'elle. *Mazet* embraſſe toutes les femmes, éxcepté *Thérèſe* ; *Nuto* lui dit là-deſſus ;

>   Thérèſe eſt dans l'attente....
> Allons, en beau chemin ne faut pas s'arrêter.

Et *Mazet* lui répond très-délicatement ;

> Tais-toi, va, je recule afin de mieux ſauter.

Voilà ce qu'on appelle une fin proportionnée au commencement ; & un Ouvrage indécent d'un bout à l'autre.

Sancho-pança.

Il eſt aiſé de trouver juſques dans *Sancho-pança* des morceaux qu'une honnête fille ne ſçaurait entendre ſans rougir. J'y vois d'abord une *Thérèſe* qui vient dire, « qu'elle ſent fort bien qu'il » lui manque quelque choſe « Cela pourrait paſſer pour une naïveté ſans conſéquence, ſi *Sancho* n'ajoutait, « vrai- » ment, oui, & ce quelque choſe là ne » vous nuirait pas ». Je demande ſi dans les Contes de la Fontaine, ou même de Grécourt, on rencontre des descriptions plus voluptueuses que celles qui sont dans cette Romance?

Je m'en revenais chantant,
J'apperçus cette fillette.
V'la, dis-je, un morceau tentant,
Je l'*approchai* sur l'herbette;
Vous en auriez fait autant,
En tournant mon compliment,
Je saisis sa main blanchette,
Que je baisis à l'instant;
Puis j'ouvris sa colerette;
Vous en auriez fait autant.

❈

Je t'aimerai tant, tant,
Lui disais-je, ma brunette.
Plus je devenais ardent,
Plus j'amusais la folette;
Vous en auriez fait autanr.
Un baiser pris doucement
Fâcha d'abord la pauvrette,
Un second plus éloquent
La rendit bientôt muette;
Vous en auriez fait autant. (8)

____

(8) Cette Romance est fort jolie, à l'indécence près.

Si ce ne sont-là des indécences, j'avoue que je ne m'y connais pas.

Le Serrurier.

Veut-on voir quel est l'amour innocent qu'on dépeint dans l'Opéra-Bouffon ? On n'a qu'à lire les Vers qui suivent. C'est une jeune personne qui s'exprime ainsi à son amant ;

> Quelquefois dans le boccage,
>
> J'entens les petits oiseaux,
>
> Leurs plaisirs sous les rameaux,
>
> De nos amours font l'image.

Voici une belle Pointe ; on comprendra sans peine qu'un pauvre mari se plaint.

> Femme avec un peu d'appas
>
> Est un fardeau qu'on s'apprête,
>
> Que de soins ! que d'embarras !
>
> Oh ! j'en ai par-dessus la tête.

Je suis fâché que Grécourt en aye dit autant dans un de ses Contes.

Isabelle & Gertrude & la Fée Urgèle *offrent des images trop voluptueuses.*

Nous sommes enfin arrivé aux deux Pièces

Pièces qui, après *Mazet*, choquent le plus la bienséance & les bonnes mœurs. Je parle d'*Isabelle & Gertrude* & de *la Fée Urgèle*. Tout conspire dans ces deux Drames à faire rougir la pudeur. Le sujet est contre la décence ; l'intrigue & l'action forment une image révoltante ; les détails respirent la passion même : en un mot, tout peint & célèbre la volupté ; on la fait pénétrer par les yeux & par les oreilles jusques dans le fond de l'ame. La douce harmonie d'une musique délicieuse achève de porter l'ivresse dans les sens des Spectateurs ; elle répand un nouveau charme sur l'élégance du stile, sur les peintures énergiques des tableaux. Je doute que les Sibarites ayent eu des Spectacles plus dignes de leur mollesse & des passions auxquelles ils s'abandonnaient. J'ai souvent entendu dire, que si un amant avait le malheur de s'enflammer pour une beauté cruelle, il n'aurait qu'à la mener à la représentation des Drames dont je parle ; & qu'il verrait bientôt s'éteindre sa rigueur : peut-être qu'une épreuve aussi dangereuse n'est déjà plus à faire.

Je répète ce que j'ai dit plus haut, qu'il est ridicule de croire gâzer un sujet

TOME II.   C

indécent, connu de tout le monde. On sçait par cœur les Contes de M. de Voltaire sur lesquels on a composé l'intrigue des deux Pièces que je vais éxaminer : il est donc facile de démêler ce qu'on ne représente qu'à demi.

Isabelle & Gertrude.

D'ailleurs, qu'elle idée honnête peut faire naître l'action d'*Isabelle & Gertrude*, par éxemple ? Quel est le projet de *Dorlis* en se glissant la nuit dans un jardin ? est-il naturel qu'on s'y prenne de la sorte pour venir voir une fille à qui l'on n'a point encore parlé ? *Dorlis* me paraît un éffronté petit coquin. Un jeune homme ne pénètre point dans une maison, au risque de ce qui peut en arriver ; ne grimpe point sur les arbres, au risque de se casser le cou ; pour avoir seulement le bonheur de jurer un amour éternel à l'objet de sa flamme, ou de lui baiser respectueusement la main. Que prétendait donc ce jeune téméraire ? je le laisse à deviner.

Mais citons quelques endroits un peu équivoques. M. *Dupré* adresse à dame *Gertrude*, qui prétend que l'amour soit *intellectuel*, ces paroles dont le sens est assez clair ; (notez bien qu'il est minuit, & que c'est toujours l'heure ordinaire de leur innocent tête-à-tête.)

En vous voyant , il ne m'est pas possible
De résister à l'attrait du plaisir.

Voici de la morale que les Casuistes n'approuveront sûrement pas :

Si la Nature a fait mon cœur sensible ,
Est-ce de moi que dépend un désir ?

Dans une autre Scène, la tendre, la naïve *Isabelle*, tient ce discours à *Dorlis*, qu'elle prend, il est vrai, pour un esprit Aérien. « Votre image me suivra » par-tout ; vous m'apparaîtrez dans mes » songes ». Et pour comble ; quelle image offre à l'esprit ce duo, entre *Isabelle* & *Dorlis*, seuls dans le fond d'un jardin, à minuit passé ? « Il tient ma main, il » la serre, il la baise » : pour une main qu'on baise, *Isabelle* s'écrirait-elle, « où » suis-je ! ô ciel ! mon esprit enchanté» ! & *Dorlis* s'écrirait-t-il, « rien n'est égal à » cette volupté » ! Puis Dame *Gertrude* en arrivant dit à sa fille ; « mais quelle agita-» tion ! »... remarquez, je vous prie, que ces

deux femmes sont toujours furieusement émues. La mère d'*Isabelle* a déjà dit plus haut à son cher *Dupré* ; « je suis dans une agi-
» tation qui m'ôte la force de me soutenir ».
Ensuite *elle soupire en ôtant nonchalam-
ment sa coèffe* ; un instant après sa fille l'entend soupirer & prononcer ces paroles ; « *Dupré !* mon cher *Dupré !* vous
» faites mon bonheur ».

La Fée Urgèle.

Terminons ce long éxamen par quelques remarques sur *la Fée Urgèle*.

ROBERT.

J'ai déjà vu dans ce canton
Certaine bachelette.

LAHIRE.

Bon !

ROBERT.

Avec un regard tant modeste !
Tant doux ! son œil est si fripon !
Sa taille tiendrait-là.

LAHIRE.

Son âge ?

ROBERT.

Seize ans.

LAHIRE.

                      Peste ;

Ah ! Monseigneur,...

ROBERT.

                Sa jambe fine & leste...

LAHIRE.

Ah ! Monseigneur,...

ROBERT.

             Un pied mignon....

LAHIRE.

Fort bien,

ROBERT.

      Et des grâces naissantes,...

Elle cueillait des fleurs sur le bord d'un ruis-
    seau,...
Ses charmes, ses attraits se répètent dans
    l'eau,...
Ses vétemens légers,.... ses tresses voltigean-
    tes,...

LAHIRE.

Je vois,.... je suis tout ce tableau.

Je demande si ne voilà pas le portrait de deux insignes débauchés ? Il règne dans cette pièce une chaleur, une liberté cinique que bien des gens ont dû applaudir. Un pauvre Chevalier errant qui offre vingt écus, son unique fortune, pour un simple baiser, nous donne lieu de soupçonner qu'il désire autre chose. On s'apperçoit que la bienséance Théâtrale a un peu gêné l'Auteur.

Formera-t-on de nouveau la question, sçavoir s'il convient de mettre sur la Scène de fortes indécences voilées avec assez d'art ? Je l'ai déjà résolue en affirmant que non. Les gens vertueux seront de mon avis : eh, que m'importe le sentiment des autres !

Mais continuons.

Votre transport

Était rempli d'un respect pitoyable ;

Avec timidité vous vous rendiez coupable ;

Il faut, dans certains cas, avoir tout-à-fait tort,

Les Dames doivent trouver cette maxime fort commode ; grands nombres de scélérats la pratiquent depuis long-tems. Une très-vieille présidente de *la cour d'amour* s'écrie, en branlant la tête ;

Malheur à l'homme assez osé
Qui tenterait de nous séduire.

Voici une allusion bien fine :

Bonne mère, à vos droits la cour ayant égard,
Vous adjuge la *récréance*.

Ce terme est consacré au Droit, il signi-fie un jugement qui met en possession d'une chose litigieuse jusqu'à l'entière décision du procès. Ainsi l'on voit qu'il est mal placé, puisque le jugement de la Reine *Berthe* est définitif, & qu'il ne laisse rien à contester après lui ; il n'est seulement ici que pour faire un méchant jeu de mots : c'est comme si l'on disait à la vieille ; la Cour vous donne ce qui vous récréra, vous divertira ; on vous permet de vous amuser ; on vous permet la récréance avec ce beau jeune homme. Quoi, le nouveau Spectacle nous fera-t-il rougir jusques dans ses moindres plaisan-teries !

Lahire ne parle-t-il pas trop en Valet, lorsqu'il dit à son Maître, afin de le consoler de ce qu'il épouse une vieille :

Beaucoup de jeunes gens enviraient votre sort,
Ne trouve pas qui veut des vieilles.

car enfin il faut de la délicatesse au
Théâtre. Il n'est pas permis d'y salir l'i-
magination. Encore des indécences au
sujet des vieilles femmes. « Une vieille,
» dit *la Fée Urgèle*, est un trésor ; son
» époux est heureux ; & comme on lui
» doit moins, elle a plus de reconnais-
» sance ».

J'avoue ma surprise ; je suis étonné
qu'on ait souffert au Théâtre qu'une
femme à qui l'on adjuge un jeune homme
afin qu'elle se récrée, s'asseoie sur le pied
d'un lit, le prémier soir qu'elle est avec
lui, en feignant de s'évanouir : strata-
gême usé qui n'en impose qu'à un novice.
Le nouveau Théâtre ne croit-il pas qu'il
est de certaines choses qu'il faut bien se
garder de mettre en action, & qui doivent se passer derrière la toile ? Aucun
Spectacle Français ne s'était encore avisé
de prendre une telle licence. Puisque on
la tolère, que ne devons-nous pas nous
attendre à voir représenter ?

Je rougis de m'arrêter si long-tems sur
des objets aussi scandaleux. Je tire le rideau peut-être trop tard ; mais il fallait
prouver qu'il s'en faut de beaucoup que
les Poëmes du Spectacle moderne soient
des ouvrages vertueux, faits pour cor-

riger les mœurs. J'ai montré aux Poètes les éxemples que je leur conseille d'éviter; il me serait impossible d'enseigner ceux qu'ils doivent suivre. Mais l'horreur que ressentiront les cœurs honnêtes en voyant les indécences que je viens de découvrir, leur indiquera ce qu'ils doivent faire.

Voilà pourtant quel est ce Théâtre qu'on fréquente chaque jour, qu'on applaudit, & qu'on élève jusques aux nues. Lorsque l'on nous raconte qu'il est chez les Etrangers un Théâtre dont les Drames sont aussi licencieux, nous ne manquons pas de nous en étonner, & de mal augurer de l'esprit & des mœurs de la Nation qui adopte de pareilles Pièces. Tâchons de nous dire au moins une partie de ce que nous pensons charitablement sur le compte des autres.

Il est aisé de se convaincre que je n'ai point grossi les licences de notre Opéra. Je me suis contenté de mettre sous les yeux des Lecteurs ce qui blesse la vertu la moins rigide. Quand même j'aurais un peu aidé à la lettre; quand même j'aurais trouvé des indécences que l'expression indiquait légèrement; notre Théâtre favori n'en serait pas moins répréhensible. L'art éxige, autant que la bienséance,

qu'on ne mette rien d'équivoque dans
un ouvrage, rien qui puisse laisser une
mauvaise idée dans l'esprit, & qui présente un sens contraire à ce qu'on veut
ui faire signifier : c'est ce qui rend notre
angue si difficile.

Qu'il faut espérer que les Poëtes du Spectacle moderne, cesseront un jour d'être licencieux.

Malgré tout ce que je viens de dire,
on aurait tort de regarder notre Opéra
comme un Spectacle tout-à-fait scandaleux, qu'il est important de proscrire,
& que les gens de bien ne doivent approcher jamais. Ce serait s'enflammer
d'un zèle trop outré. Les Poëtes du
Théâtre moderne peuvent se corriger.
Mais les nouvelles Pièces qu'ils donnent
chaque jour au Public, nous annon-
cent qu'ils ne sont guères plus scrupuleux
que dans le tems que j'écrivais ce Chapitre. (9)

------

(9) *L'Aveugle de Palmire*, *la Clochette*, & une
foule d'autres Poëmes qui paraissent tous les jours,
en sont une preuve. Il faut espérer que l'indécence
sera enfin bannie du nouveau Spectacle, ainsi qu'elle
l'est de tous les Théâtres.

CHAPITRE IV.
De la Pastorale Dramatique.

Mon dessein n'est de traiter dans ce Chapitre que de la Pastorale Dramatique, c'est-à-dire des Pièces dans lesquelles agissent des Bergers. Les Poësies champêtres qui portent le nom d'*Ydiles* ou d'*Eglogues*, quoiqu'assez semblables à la Pastorale, demandent pourtant des règles différentes. Elles sont, par exemple, plus susceptibles d'esprit & d'ornemens. Dans les unes on s'apperçoit que le Poëte parle ou fait agir, au lieu que l'autre est la représentation véritable des mœurs des habitans de la campagne. Comme l'illusion du Théâtre porte à croire que ce qu'on voit se passer sur la Scène arrive réellement, on doit aider la Pastorale à faire son effet par la simplicité du discours & par les passions qu'on éxcite. Il s'en suit delà qu'il est plus difficile d'y éxceller que dans les autres genres de Poësies naïves : aussi avons-nous beaucoup d'Ydiles & d'Eglogues éxcellentes, & à peine deux Pastorales passables.

Ancienneté de la Pastorale.

Le Drame des Bergers, s'il m'est permis de m'exprimer de la sorte, est certainement plus ancien que la Comédie & la Tragédie. Les prémiers Pasteurs inventèrent dans leur heureuse oisiveté l'astronomie & l'art d'arranger des mots, de manière qu'il en résultat une cadence harmonieuse ; c'est ce que nous appellons Poèsie ou Vers. Les campagnes rétentirent donc dès les prémiers âges du monde, du bruit des chansons rustiques. Ces chansons simples & naïves célèbraient le Dieu qu'on adorait, ou les charmes de la vie champêtre, ou les douceurs de l'amour & les attraits de quelques Bergères. Delà l'idée d'une Poèsie plus correcte & plus sublime. Les anciens Pasteurs voyaient couler leurs jours innocens dans les plaisirs & dans la paix. Ils observaient les astres, ils en marquaient peut-être le cours dans leurs chansons, & exprimaient leur joye sur certains instrumens grossiers faits particulièrement pour assembler leurs troupeaux. Ainsi les tranquilles habitans des campagnes chantaient, tandis que ceux qui bâtissaient des Villes étaient féroces & sauvages, &

s'égorgeaient les-uns-les-autres. Dans les
fêtes que les prémiers Bergers se donnaient entr'eux, ils pouvaient chanter en
dialogue une petite aventure arrivée sous
leurs yeux; voilà la Pastorale. Lorsque
les Villes se furent formées; quand céux
qui s'y étaient rassemblés eurent fait connaissance avec leur nouvelle façon de vivre; ils établirent des jours de réjouissances. Les chansons qui furent d'abord
en usage ne pouvaient être que celles
des Pasteurs; on est long-tems à revenir
des prémières habitudes.

Origine de la Pastorale.

Quand on commença à composer des
Drames, on fit plutôt des Pastorales que
des Comédies. Les hommes avaient l'idée
remplie des objets de la campagne; ils
n'avaient point encore eu le tems d'oublier la vie que leurs Pères y menaient.
Il est naturel de penser que des peintures
champêtres s'offrirent plus aisément à
leur imagination, accoutumée à s'y arrêter, que le détail des mœurs des habitans de la ville, qui leur présentait des
objets tout-à-fait nouveaux.

Ce qu'elle fut chez les Grecs.

Les Grecs cherchèrent à embellir ce genre naiſſant, ſelon leur coutume de tout perfectionner. La mythologie de ces peuples lui fit prendre une face particulière. Ils peuplaient la campagne de Faunes & de Satyres ; ils les firent entrer naturellement dans l'intrigue d'un genre de Pièce qui était la vive image de ce qui ſe paſſait loin des villes. Horace s'eſt donc trompé dans ſa Poëtique, (10) lorſqu'il dit, « Le Spectacle ſatyrique eſt » l'origine de la Paſtorale ». c'eſt directement tout le contraire.

Les Anciens ne connurent point le vrai genre de la Paſtorale ; & pourquoi.

Il me ſemble que les Grecs ni les Latins n'ont point connus le vrai genre de la Paſtorale, auſſi-bien que pluſieurs peuples modernes de l'Europe. La raiſon en eſt, je crois, qu'on lui fit prendre à Athènes une forme peu convenable. Le

---

(10) *Mox etiam agreſtes ſatiros nudavit.*

mêlange des Bergers & des Satyres ne pouvait guères s'allier. L'intrigue roulant toujours sur ces derniers, la simplicité de stile & d'action disparut insensiblement, & la Pastorale devint méconnaissable. Les Romains la trouvèrent dans cet état, & l'y laissèrent : selon les apparences, tout le mérite de ces peuples guerriers était de conquérir des Royaumes, & de copier les arts des Nations qu'ils subjugaient : sans Homère aurions-nous Virgile ; & Cicéron sans Démosthène ?

L'Italie moderne commença à lui donner un air convenable.

Les Italiens dans le quinzième siècle donnèrent à la Pastorale l'air simple qui lui convient. Une étude réfléchie des *Idyles* de Théocrite, & des *Eglogues* de Virgile, leur fit naître l'envie de mettre sur le Théâtre ce genre admirable, par sa naïveté. Le Tasse composa son *Aminte*, & remporta tous les suffrages. Mais le *Pastor fido* (10) apprit sur-tout à l'Europe charmée ce que c'était que la Pastorale. Cependant les Italiens font peu

----

(11) Par le Chevalier Guarini.

propres à travailler dans ce genre : ils
font loin d'avoir les qualités qu'il éxige.
Leur Langue trop manièrée, trop remplie d'antithèſes, de *conceti*, ne ſçaurait
ſe prêter à la ſimplicité néceſſaire au ſtile
Paſtoral. La preuve de ce que je dis,
c'eſt qu'aucun de leurs Auteurs n'a rien
fait de comparable à l'*Aminte* ni au *Berger fidèle*. Le génie d'une Nation ſe connaît rarement par les Ouvrages d'un ou
de deux de ſes Ecrivains ; il faut les comparer tous enſemble.

Les Allemands ont la gloire d'a-
voir perfectionné en partie la
Paſtorale.

C'eſt en Allemagne que le genre de la
Paſtorale approche le plus actuellement de
ſa perfection. Il n'eſt point gâté par des ornemens étrangers, toujours déſagréables,
parce qu'ils terniſſent ce beau ſimple,
qui en fait le ſeul mérite. Les Bergers
parlent & agiſſent avec des Bergers. Leur
manière de s'exprimer eſt proportionnée
à leur état ; elle n'eſt ni trop baſſe ni
trop fleurie. En un mot, les Auteurs
Allemands qui ont écrits & qui écrivent
dans ce genre naïf, ſont dignes d'être

cités pour éxemple ; nos Poëtes ne fçauraient les étudier avec affez de foin.

Les Français ne réuffiffent guères dans la Paftorale.

Malgré les éfforts que nous avons faits
pour faifir le vrai goût de la Paftorale,
nous fommes à peine parvenus à la rendre fupportable fur nos Théâtres. Nos
Drames champêtres font la plus-part
froids, infipides, & mal dialogués ; les
Perfonnages en font auffi quelquefois trop
fpirituels ; ils mettent trop d'efprit dans
leurs naïvetés. A force de peindre nos
Bergers tendres, amoureux, nous en fefons des amans glacés, qui font rétentir
les échos de leurs amoureufes plaintes,
& qui meurent, par métaphore, pour
les beaux yeux d'une ingrate.

Des caufes qui empéchent la Pafto- rale de réuffir en France.

La principale caufe du peu de réuffite
de nos Paftorales eft aifée à trouver.
Nous la plaçons fur trop de Théâtres à
la fois ; nous devrions en avoir un qui
lui fût entièrement confacré. Loin de
vouloir en convenir, nous la forçons
de paraître dans la Comédie, dans la

Tragédie même, & dans l'Opéra-férieux & bouffon. Il faut qu'elle se replie, se dénature, pour se montrer sous tant de formes différentes : son genre se corrompt, s'épuise, s'anéantit à la fin.

On ne doit la faire paraître qu'au nouveau Théâtre.

Je crois pourtant qu'elle deviendra propre au Spectacle moderne. Tandis que l'Opéra - férieux l'environne d'un éclat peu convenable, tandis que la Comédie lui donne un air fade & triste ; notre Opéra la rendra digne de charmer tous les Spectateurs par une parure simple & champêtre, qui lui convient mieux que de pompeux ornemens.

Autre cause de son peu de succès parmi nous.

Il est encore une autre raison qui l'empêche peut-être de faire en France autant de progrès qu'elle en pourra faire en Allemagne. Son genre n'a parmi nous qu'un petit nombre de Partisans. L'image de la simple Nature ne sçaurait arrêter des esprits aussi vifs, aussi frivoles que les nôtres ; on est contraint de chercher à embellir cette image qui doit être si naïve, afin de la faire paraître plus agréable : mais alors nous nous écrions, que ce n'est point là le tableau des mœurs rustiques des Villageois. Ainsi, de quelque façon que la Pastorale se présente à nos yeux, elle est presque certaine d'être rebutée. Si nous lui fesions le même accueil qu'en Allemagne, il est probable que nous la verrions bientôt sortir de l'obscurité. Quel est l'Auteur qui veuille travailler sans fruit dans un genre ingrat ? peu d'applaudissemens s'il réussit, & un nombre infini de critiques s'il tombe. Qu'on ne m'objecte pas les éloges prodigués tous les jours à *Annette & Lubin*. Cette Pièce ne fut jamais une Pastorale. Ses Personnages pétillent d'esprit ; lorsqu'il leur arrive de dire une naïveté, elle s'accorde mal avec les pointes, les jolies choses, les madrigaux, qu'ils ont ordinairement à la bouche. Le *Seigneur* mêlé dans l'action, en ôte toute la simplicité. Il est clair que les Drames champêtres seront long-tems à faire de certains progrès en France. Notre goût déterminé pour le léger, le vif, le badin, & nos mœurs mêmes, nous empêcheront toujours d'estimer fortement la Paſtorale : des peintures ſi douces, ſi tranquilles, nous cauſent bientôt un ennui mortel, ou nous font rire à force d'être naturelles, comme il arriva dans *la Bergère des Alpes* du Théâtre Italien, (1 2) lorſque l'on vit deux Bergers boire du laid, ou manger de la bouillie. Il nous manque le ſens froid, & peut-être la raiſon des Allemands.

Quelles ſont nos meilleures Paſto-rales.

Les meilleures Paſtorales que nous ayons dans notre Langue ſont, ſelon moi, *Annette & Lubin* de M. Marmontel, & *le Devin du Village*, dont l'Auteur eſt ſi connu & ſi digne de l'être. Vous remarquerez que l'héroïne de la prémière Pièce eſt groſſe à pleine ceinture, ce qui ne fait peut-être pas un bel éffet ſur la Scène ; mais ce qui eſt la ſenſible image de la Nature. Eh pourquoi nos Payſanes feraient-elles plus réſervées que tant de nos jeunes Demoiſelles, qui ſe trouvent dans le même cas, malgré l'excellence de leur éducation ? ce que dit un célèbre Poète Anglais dans la Pré-

---

(1 2) Par M. de Marmontel.

face d'une de ses Pièces, peut servir d'èxcuse à l'Auteur Français : « J'ai copié » la Nature en rendant les jeunes gar- » çons amoureux avant le mariage, & » les jeunes filles fécondes & complai- » santes. Je m'en rapporte là-dessus aux » connaisseurs en ce genre qui vivent dans » nos campagnes ». Pour revenir à nos deux meilleures Pastorales Françaises, tout y est d'une simplicité charmante, l'action, les discours & la musique. Celle d'*Annette & Lubin* de M. Marmontel, est sur-tout assez analogue au genre champêtre.

La Comédie Poissarde ou burlesque est une sorte de Pastorale.

Nous avons une autre espèce de Drame naturel ou de Pastorale, à laquelle on donne le nom de *Comédie-Poissarde*, qui ne laisse pas d'avoir ses agrémens. Elle s'applique à peindre les Harangères & les autres gens de la lie du Peuple, tels que les porteurs d'eau, &c. Le succès de ce genre de Pièce surpasserait de beaucoup celui de Pastorale, parce que son intrigue est très-vive & très-divertissante ; mais nos Auteurs, je ne sçais pourquoi, paraissent le dédaigner. Vadé, qui en fut l'inventeur, le perfectionna tout d'un coup ; il mourut à la fleur de son âge en 1757, & son génie la peut-être suivi dans le tombeau. On craint sans doute de travailler après lui. *Jérôme & Fanchonnette*, dont il est l'Auteur, fera mieux connaître ce genre singulier que tout ce que j'en pourrai dire. Je conseille aussi de voir une petite Pièce intitulée, l'*Amour matois, ou l'Espiéglerie amoureuse* ; celui qui la composée pourrait suivre de près les traces de l'illustre Vadé ; mais possède des talens encore plus estimables. (13)

L'Opéra - Bouffon serait dans le genre de la Pastorale, s'il n'était trop bas.

J'observerai avec le Lecteur judicieux que les Drames proprement appellés *Opéras-Bouffon*, dans lesquels agissent des Paysans, sont des espèces de Pastorales, mais trop grossières. Elles descendent trop dans le bas ; elles ressemblent à ces rustiques Pastorales de nos anciens Poètes Français, tels que Ronsart & Théophile, où l'on ne voit agir, où l'on n'entend

---

(13) M. C**, Bibliographe.

parler que *Pierrot* & *Catin*. J'ai dit ailleurs que le genre du nouveau Spectacle l'emportait sur la Pastorale ; on conçoit bien en quoi je pense qu'il lui est supérieur ; c'est parce qu'il peut tout à la fois nous montrer des Bergers & des Artisans ; aulieu que la Pastorale ne doit faire agir que des gens de la campagne. Mais le nouveau Théâtre, lorsqu'il nous peint des Paysans est loin d'avoir, l'honnête simplicité, la décence, la délicatesse qu'on veut trouver dans un Spectacle champêtre.

Essayons de donner des règles précises de la Pastorale telle que les Nations modernes la conçoivent, & telle qu'il faut qu'elle soit pour plaire à chaque Peuple en général, & particulièrement aux Français.

Quelques règles au sujet de la Pastorale.

Il est nécessaire que l'intrigue des Pièces champêtres soit d'une simplicité que rien n'altère. Si l'action était compliquée, chargée d'événemens, on attacherait peut-être les Spectateus ; mais il est difcile que des Bergers éprouvent de grands

incidens. Leur vie est ordinairement douce
& tranquille. Si l'on peut, sans s'écarter
de la nature, leur faire ressentir quelques infortunes, on aura un sûr moyen
de répandre de l'intérêt dans le Drame.
Je puis me dispenser d'avertir que tous
les Personnages d'une Pastorale doivent-
être des habitans de la campagne, son
nom seul le dit assez. Que le Poëte ré-
fléchisse sur les mœurs, les coutumes
des gens du Village, il sentira la ma-
niere dont il doit les peindre. Aucune
passion criminelle ne les agite, & ne
trouble l'innocence de leur vie. L'amour
seul règne sur leurs cœurs. Ils ignorent
ce que c'est que l'ambition, l'amour dé-
sordonné des richesses ; ils méconnaissent
l'orgueil, la haine & les fureurs contre
leurs semblables. Enfin, l'innocence &
le repos les suivent toujours, & em-
bellissent leurs demeures rustiques, dont
jamais n'approchèrent le luxe & les noirs
soucis. Appliquez-vous à peindre ce bonheur dont ils jouissent ; découvrez-nous
la sérénité de leur ame. Qu'ils se livrent
à une joye aimable, fruit précieux de
leurs mœurs innocentes. Si vous les faites soupirer, que ce ne soit que d'amour.
Ce tableau riant fera contraste avec les

embarras

embarras, les chagrins, les remords, qu'éprouve le riche habitant des Villes; & vous ferez certain d'être applaudi.

Il est vrai que le Villageois n'est pas tout-à-fait tel que vous le repréfenterez. Son ciel, fi pur en apparence, est quelquefois couvert de nuages. L'habitant du Hameau gémit dans la pauvreté. Mais on est convenu depuis long-tems qu'on le flatterait toujours en le dépeignant : fi on le mettait fur le Théâtre tel qu'il est pour l'ordinaire, les Spectateurs en feraient révoltés ; ils en détourneraient bientôt les yeux. La morale fe fert utilement des malheurs des Rois, des faiblesses du Citoyen ; elle s'est réfervée d'aller à fon but en montrant le bonheur qu'on goûte au Village : elle est contrainte de le fuppofer, tant les êtres de chaque état ont leur part des maux qui affiègent l'humanité !

Que la Pastorale ne doit guères avoir plus d'un acte.

Une Pastorale ne doit guères paffer la longueur d'un Acte; lorfque le fujet l'éxige abfolument, elle peut aller jufqu'à trois tout au plus. Nous en avons pourtant un grand nombre en cinq Actes, & qui, pour comble d'ennui, font des Comédies, ou des Scènes dialoguées ; mais elles ont paru dans un tems où les bonnes Pièces étaient rares. On les écoutait en bâillant, faute de mieux : il est certain que si l'on osait en hazarder de nos jours d'aussi effroyablement longues, elles auraient bien de la peine à soutenir une seule représentation. N'oublions pas que *le Berger fidèle*, tout agréable, tout célèbre qu'il est, glace souvent ses Spectateurs, lorsqu'on le joue en Italie, parce qu'il occupe trop long-tems le Théâtre. Il est donc naturel de n'étendre les bornes de la Pastorale qu'à trois Actes, ainsi que fait très-sagement l'Opéra-sérieux. Comme ses Personnages n'inspirent point un grand intérêt, elle excite peu de passions dans l'ame du Spectateur ; or il se refroidit lorsqu'on le contraint de considérer trop long-tems ce qui ne saurait l'affecter. Une petite intrigue amoureuse l'occupe un instant, sur-tout lorsqu'elle est exprimée & développée avec une simplicité qui le charme ; il est curieux de savoir si la flamme de ceux qu'il voit agir sera couronnée. Si le dénouement est lent à

venir, il se dégoûte & perd patience.
Un Drame qui n'est rempli que d'amour,
(& c'est la Pastorale,) n'attire qu'une légère attention. Le sentiment qui naît en
nous en faveur de gens amoureux s'éteint,
s'évanouit dans peu; il ressemble à l'ardeur dont nous nous sentons épris pour
certaines femmes. Je conseille donc aux
Poëtes qui voudront se distinguer dans
le Drame champêtre, de ne lui donner
que l'étendue d'un Acte; s'ils n'ont le
secret, d'émouvoir fortement les Spectateurs, pendant trois Actes.

Que la Musique des Pastorales doit être tout-à-fait champêtre.

Pour ce qui est de la musique, car
c'est un article nécessaire actuellement,
il faut qu'elle soit analogue au genre
Pastoral; que la symphonie & la mélodie
ne soient ni brillantes ni recherchées. Le
Musicien pousserait son art jusques au
dernier point de la perfection, s'il fesait
en sorte que les accords des instrumens
imitassent les sons champêtres que les
Bergers tirent des leurs : c'est la seule
imitation que la *musique-Pastorale* puisse
se permettre. Je vais montrer en peu

de mots que je ne lui demande rien de ridicule & d'impossible.

Que le Musicien pourrait imiter davantage la Nature.

Dans une Pastorale, les Personnages, leurs discours, la décoration, tout annonce la campagne : pourquoi la musique ne la peindrait-elle pas aussi ? mais pourquoi voulez-vous, me demandera-t-on, qu'elle imite les pipeaux, les cornemuses, les flageolets des bons Villageois ? Je réponds, que c'est afin de rendre l'illusion plus frappante, ce charme du Théâtre. Les Anciens avaient plusieurs genres de musique, chacun trouvait sa place dans les différentes espèces d'ouvrages, & dans diverses circonstances. Ne pourrions-nous pas les imiter ? Il serait beau que nous apprissions à l'Italie, qui se flatte d'être au-dessus de nous par sa musique, que l'art qu'elle chérit tant, pouvait être embelli par les Français. Fesons en sorte qu'en entendant une Ariette champêtre, l'oreille soit frappée de nouveaux sons & d'accords extraordinaires, tels qu'on en forme dans les hameaux. De même qu'un Prince s'exprime autrement que de simples Bergers, tâchons que la musique usitée dans les Drames sérieux du grand Opéra, n'ait aucune ressemblance avec celle qu'on employe dans la Pastorale, soit par son chant, soit par son harmonie.

J'espère que nos célèbres Musiciens ne condanneront pas tout-à-fait mon sentiment. L'art agréable qu'ils pratiquent ferait un nouveau progrès, auquel personne ne s'attend. On est révolté lorsqu'on fait chanter à un Berger un air à prétention, rempli de roulades. On veut que son chant soit simple, & proportionné à sa manière de s'exprimer, de même qu'il paraît naturel que les paroles soient de lui. N'oublions pas, encore une fois, que la musique, lorsqu'elle est adaptée à un Drame, fait partie de l'illusion théâtrale, ainsi que ce qu'on voit sur la Scène : or les accords mélodieux d'un violon, ou les sons délicats d'une flûte, ne sont pas trop bien placés dans une campagne, au milieu d'une troupe de Paysans : il me semble que je devrais plutôt entendre un chalumeau ou une musette ; ou du moins les sons qui me frappent doivent avoir de l'analogie avec ceux des instrumens champêtres.

D iij

<hr>

CHAPITRE V.

De la Parodie.

IL y a deux sortes de Parodies dramatiques, l'une où les Acteurs parlent tout simplement, & l'autre qui se chante : cette dernière, de beaucoup plus ancienne, appartient de droit au Spectacle moderne par sa nature & par son genre. Je suppose que la Parodie chantante est plus ancienne, parce qu'il fut, sans doute, plus facile de composer quelques couplets malins, qu'un Poème dans les règles.

Origine de la Parodie.

La critique fut de tout tems. Les hommes cherchent à se tourner en ridicule dès qu'ils ont la faculté de s'exprimer : c'est ce plaisir malin qu'on trouve à se moquer de son semblable, & qui nous porte à rire de ses défauts & de ses actions, qui donna naissance à la Parodie dans la région du monde qui fut la plutôt peuplée. La Parodie attaque souvent la personne même, en la contrefesant,

en l'imitant au naturel ; Aristophane en
a plusieurs exemples dans ses Pièces : les
masques ressemblans qu'il fesait porter à
ses Personnages, pour désigner les principaux Athèniens, en font une preuve.
On peut donner à ce genre de Parodie,
le nom de *Comédie-ancienne*. Molière
même, lorsqu'il habillait ses Acteurs de
la même manière que ceux qu'il tournait
en ridicule, se permettait des licences
toutes pareilles à celles d'Aristophane,
ainsi que je l'ai déjà dit ailleurs. (14)
Le Bouffon qui contrefait les gestes, les
actions de quelqu'un, fait sans le savoir
la première Parodie que les hommes aient
connus.

Quels en furent les inventeurs chez les Grecs.

Un certain Hipponax fut, selon les
Grecs, l'inventeur de la Parodie des
discours : c'est-à-dire qu'il s'avisa d'écrire
des critiques qu'on ne fesait auparavant
que de bouche, ou par des gestes bouffons. Hégémont de Thasos est l'Auteur
de la Parodie dramatique ; c'est encore

______

(14) Voyez le Chapitre III. du Livre I page 34.

D iv

les Grecs qui nous l'affurent : il l'a mit en
action en compofant des Vers de plufieurs
tragiques célèbres une Comédie dans les
règles ; il s'appliquait à donner un fens
burlefque à une penfée noble & fublime.
Aura-t-on de la peine à croire, que
long-tems avant cet Auteur, on ne fe foit
joué dans des couplets malins de ceux
qui méritaient la rifée publique, ou dont
le mérite éxtiait l'envie ? Obfervons ici,
que les Poetes à qui nous devons la Parodie, ou la Satire, car c'eft la même
chofe, ont eu la gloire de faire mourir
de défefpoir quelques uns de ceux aux
dépens defquels s'égayait leur plume mor-
dante : honneur infigne, qui prouve la
beauté du genre dont je parle.

Ce que fignifie le mot Parodie en Grec.

Je trouve que le mot *Parodie* fignifie
en Grec *chant* ou *chanfon*. Il eft donc
probable qu'on la chantait dans les prémiers tems de fon origine : ceci femble-
rait encore me confirmer dans l'idée
plaifante ou je fuis que notre Opéra-
Bouffon était peut-être connu des Grecs ;
& c'eft un nouveau motif de lui aban-

donner entièrement la Parodie, ou du moins celle qui se chante.

Nous n'excellons point dans la Parodie.

Je ne crois pas que nous excellions dans la Parodie considérée en général. Nos Pièces simplement de Dialogues ne sont pleines sur-tout que de bouffonneries ; elles éxcitent le rire immodéré, par un Spectacle, par une action burlesque, & par de bons mots entâssés les uns sur les autres : elles ne peuvent amuser que la populace ou les enfans.

Les Peuples de l'Europe doivent le céder aux Grecs.

En général, les Peuples modernes de l'Europe se sont trompés dans la façon dont ils ont conçus la Parodie. Ils se sont imaginés qu'elle n'était qu'un tableau grotesque d'une chose grave & sérieuse ; ils ont cru que tourner en plaisanteries les endroits les plus sérieux des Ouvrages estimés, c'était produire une éxcellente Parodie. Mais il s'en faut de beaucoup qu'ils ayent rencontré juste. Lors-

D v

qu'elle était chez les Grecs travaillée par une main habile, elle devenait la critique délicate d'une Tragédie célèbre ; elle en relevait adroitement les fautes ; des allusions fines avertissaient le Spectateur de ce qu'elle avait en vue. Elle excitait des ris, non extravagans, mais de ces ris légers, doux mouvemens de l'ame, qui dénotent qu'on est charmé de ce qu'on voit, de ce qu'on entend, & qui prouvent mieux la joie que des éclats qui partent toujours sans réfléxion : voilà quelle est la véritable Parodie ; le *Cyclope* d'Euripide, la seule qui soit parvenue jusques à nous, aurait dû nous l'apprendre. Cette Pièce est pleine de railleries spirituelles sur Homère, & contre divers Auteurs tragiques. Nous ne pouvons plus sentir une grande partie de ses traits fins & délicats, parce que nous sommes trop éloignés du tems où elle fut écrite. On rencontre, il est vrai, dans ce Poème, des endroits trivials & dégoûtans ; mais qu'ils sont bien effacés par les morceaux sublimes, & par les critiques agréables qui les précédent ou les suivent !

A peine les Français ont-ils une seule Parodie passable.

J'ignore si dans la suite on s'efforcera de perfectionner le genre de la Parodie; peut-être ne voudra-t-on pas s'en donner la peine. La meilleure que nous ayons en France est, sans contredit, *Agnès de Chaillot*. Mais, oh ciel! quel burlesque continu! que de *charges*! que d'extravagances! Faut il que les Spectateurs d'un Drame bouffon rient toujours à gorge déployée? Cette Pièce offre un Spectacle fait pour des fous, plutôt que pour des hommes sensés.

Notre Parodie est meilleure quand elle est jointe à la musique.

Nous ne rendrons, je pense, la Parodie supportable qu'en l'assujettissant tout à-fait à la musique. Je remarque, en effet, que toutes celles qui renferment du chant approchent le plus de la nature; telles que *Raton & Rosette*, *Bastien & Bastienne*, &c. La raison en serait-elle qu'alors la Parodie se trouve dans son élément?

Le Vaudeville y fait un meilleur éffet que l'Ariette.

Quand je dis qu'il y faut de la mufique, je ne prétens pas tout-à-fait que
ce foient des Ariettes, des Duo. Ce
genre de mufique la gâterait peut-être,
au lieu de l'embellir. Il ne faurait faire
fentir la fineffe d'une èxpreffion fatyri-
que, & même une plaifanterie. Je voudrais que la Parodie chantante fût compofée de couplets fur des airs communs.
On n'en perd point un feul mot, tout
eft faifi, tout fait fon éffet. Le Vaudeville ou le couplet, dont je me propofe
encore de parler (15), eft admirable
pour donner un tour piquant à la moindre penfée; il fait valoir une faillie; il
en a la légèreté. Il éxcelle fur-tout à
décocher avec art les traits fins de la
Satire. Vif, enjoué, malin, c'eft l'enfant
gâté de la folie & des plaifirs. Cependant comme on lui préfère les Ariettes,
je dois confeiller d'en orner les Parodies
modernes, fi l'on a dèffein qu'elles atti-
rent des Spectateurs.

----

(15) Voyez au Chap. VI. du Livre VI.

La Parodie est soumise aux mêmes règles que les autres Drames.

Je terminerai cet article par avertir ceux qui voudraient feindre de l'ignorer, que la Parodie, quoique libre & peu réglée en apparence, est soumise aux mêmes loix que les autres Pièces de Théâtre. C'est un Drame entier, sans aucune exception, dont il faut que l'intrigue soit conduite avec adresse, & qui doit avoir son exposition, son milieu & sa fin. N'outrez point la nature, comme on fait ordinairement ; évitez le bisarre & le gigantesque. Que vos plaisanteries naissent du fond du sujet ; qu'elles ne soient point trop fréquantes, afin de faire plus d'impression, & d'être mieux senties. N'oubliez pas encore, que les turlupinades, les indécences, les jeux de mots, font bannis de tout ouvrage de goût. On cherche à faire rire dans une Parodie ; mais songez que les honnêtes gens vous écoutent, & non la vile populace.

Elle éxige même plus de perfection.

Voici la dernière remarque qu'il me reste à faire. Il est essentiel qu'une Parodie, ainsi que tout ouvrage satirique, n'ait aucun défaut. Celui qui tourne les autres en ridicule, doit le faire avec esprit, si non sa critique tombera sur lui-même. Travaillez, policez avec grand soin les écrits dans lesquels vous vous moquez des fautes d'un Auteur : montrez que vous en savez plus que celui que vous reprenez.

Ce qu'on doit penser de la Parodie.

Le Lecteur sera peut-être bien aise que je lui apprenne naïvement ce que je pense de la Parodie en général. Malgré les éloges dont plusieurs Auteurs l'ont comblés, je la regarde comme un genre ridicule & méprisable. Quelle gloire peuvent se flatter d'acquérir ses Poëtes? Quel mérite trouve-t-on à remplir une Pièce de bouffonneries sans vraisemblance, d'actions extravagantes? Le mélange qu'on s'y permet du sérieux & du burlesque, du sublime & du plat, révolte

les gens qui ont la moindre lueur de
raison. L'on ne fait à la fin comment
appeller un pareil amas de choses si op-
posées les unes aux autres.

Si la Parodie n'avait encore que ces
défauts, on pourrait quelquefois y jetter
les yeux pour se délasser, de même qu'on
se plaît à voir les figures grotesques de
Calot. Mais le juste reproche que lui font
les honnêtes gens achève de lui ravir
notre estime, & la rend indigne d'être
soufferte. Quoi, disent-ils, nous estime-
rions un genre destiné à tourner en ridicule les Ouvrages des plus fameux
Auteurs ! Que les Poètes qui s'y consacrent font peu d'attention à ce qu'une
telle conduite donne lieu de penser ! Ne
peut-on pas les soupçonner d'agir par
envie, & de chercher à rabaisser le mérite des Ecrits immortels qu'ils ne voient
qu'avec chagrin, parce qu'ils n'en font
pas les Auteurs ? Un *Zoïle* seul était fait
pour parodier les Vers d'Homère. Est il
nécessaire que la Parodie s'attache avec
malignité à ce qui nous paraît le plus
digne de notre admiration ? serait-elle
établie exprès pour modérer la vanité
d'un Poète qu'on applaudit ; de même
que les Romains chargeaient un homme

d'injurier les Héros qu'ils honoraient du triomphe, afin de leur rappeller qu'ils ne devaient point trop se livrer à l'orgueil ? Encouragez par des louanges ceux qui ont le bonheur de réuffir dans la pénible carrière des lettres, loin de vous efforcer à faire rire de leurs meilleurs Ouvrages. Parodiez les mauvais Drames, pour empêcher qu'on n'en compofe de pareils, & refpectez les bons.

Voilà ce que difent les gens fenfés. J'avoue de bonne foi que je fuis de leur avis. La Parodie ferait peut-être eftimée, fi elle n'était un genre favorable à la malignité, plutôt qu'à l'innocente plaifanterie.

De la Parodie par imitation.

La Parodie dramatique ne s'attache pas toujours à tourner en ridicule l'intrigue & les penfées d'un Poème en leur oppofant une action & des penfées tout-à-fait burlefques. Les Auteurs fe contentent bien fouvent d'imiter le fujet & même la marche des Drames qu'ils parodient ; mais ils ne les copient pas fi fidèlement qu'on puiffe dire que leurs Ouvrages foient trop reffemblans : ils font agir des Personnages différens, qui éprouvent les mêmes situations; en sorte qu'ils paraissent composer un Poëme nouveau, lorsqu'ils ne font que le *calquer* sur un modèle. C'est à cette espèce de Parodie, qu'est dû le nom d'*imitation*. La seule nouveauté qu'on y observe, c'est qu'une action noble est rendue quelques fois commune & populaire, & qu'on en diminue de beaucoup la durée.

Il est aisé de sentir que cette espèce de Parodie est aussi très-peu estimable. Elle n'éxige pas que ses Auteurs soient doués d'un grand génie, puisqu'ils ne composent que d'après le plan qu'ils ont sous les yeux. Quelle gloire acquérerait le Peintre qui ne ferait que suivre l'èxquisse qu'on lui fournirait, ou qui ne ferait capable que d'ajouter de nouvelles couleurs à un tableau?

CHAPITRE VI.

Des Actes ou des divisions nécessaires au Poëme dramatique.

APRÈS avoir parcouru les différens genres qui ont quelque rapport au Spectacle moderne, voyons combien d'Actes il est à propos de prescrire à ses Poëmes. Cette question importante ne sçaurait être traitée avec assez de soin. Si je l'avais oubliée, ou si je négligeais de l'approfondir, il arriverait plusieurs inconvéniens : contentons-nous d'en marquer quelques-uns.

Qu'il est important de fixer l'étendue des nouveaux Drames.

En prémier lieu, le Public ignorerait si les Auteurs de notre Opéra sont contraints de lui présenter avec économie les choses agréables dont ils le font jouir, ou s'ils ne lui donnent point plus de plaisir qu'il ne lui en faut. Secondement, ceux-ci ne fesant pas attention qu'un amusement trop long devient enfin ennuyeux, s'étendraient autant qu'il leur serait possible : croyant être maîtres d'allonger ou d'accourcir à leur gré les Poëmes modernes, les uns ne feraient qu'un demi-Acte, les autres donneraient à leurs Pièces une étendue considérable. Le Public s'impatienterait de les voir si peu d'accords ensemble ; eux s'opiniâtreraient à suivre leurs caprices ; il résulterait peut-être de-là la perte entière du nouveau Spectacle.

Ce qu'on entend par *Acte* & *entre-Acte*.

Avant d'entrer en matière, éxaminons ce que signifie le terme d'*Acte* & celui d'*entre-Acte* considéré dans un Drame. On entend par *Acte* un certain nombre de Scènes jointes ensemble; dans l'Acte les Acteurs parlent & agissent aux yeux des Spectateurs. On entend par *entre-Acte* ce qui sépare, ce qui divise plusieurs Scènes qui se suivraient sans interruption : c'est un instant où le lieu de l'action cesse d'être occupé. Ce mot éxprime encore, que tous les Personnages, entraînés par les circonstances, n'agissent plus sur la Scène. Enfin l'*entre-Acte* est un moment de repos qu'on accorde, non aux Personnages du Drame, puisqu'ils doivent toujours agir tant que l'action dure ; mais aux Spectateurs, dans la crainte que leur attention ne se fatiguât, si elle était toujours tendue. Notez bien, qu'il faut autant d'art pour terminer un Acte, que pour faire sortir les Acteurs à la fin d'une Scène.

Les Pièces Grecques n'avaient point proprement d'instant de repos.

Les Poètes grecs ne se servaient point du terme d'*Acte* ; ils divisaient leurs Comédies & leurs Tragédies en *Protase*, *Epitase*, & *Péripétie*, ou Prologue, Episode, & catastrophe ; il ne faut pourtant pas croire qu'elles n'eussent que trois parties. Elles en ont davantage si l'on commence à les compter dès l'instant que le chœur chante ; & elles n'en ont qu'une seule si l'on ne marque les divisions ou les repos du Poème ancien, que lorsque tous les Acteurs quittent la Scène, comme dans nos Drames. Pour moi, je crois que les Savans ont eu tort de trouver des divisions dans les Pièces Grecques, ils ont appellés *intervalles* ce qui n'en fut jamais. Les Grecs n'ont peut-être jamais entendu mettre des instans de repos dans leurs Pièces ; ils détournaient seulement l'attention du Spectateur sur des objets qui le délassaient sans le distraire entièrement. L'intrigue principale se continuait toujours sous ses yeux ; les paroles du chœur s'y rapportaient, ou directement ou d'une façon moins marquée. Si

les Tragiques Grecs avaient établis la
règle des divisions des Drames, pour
accorder aux Spectateurs quelques tems
de repos, auraient-ils souvent laissé sur
la Scène un de leurs principaux Personnages, qui se mêlait quelquefois avec le
chœur, ou qui gardait le silence ? c'était
toujours attacher le Spectateur ; car pou-
vait-il se dispenser de fixer sa vue sur
l'objet de ses allarmes ou de sa joie,
tandis qu'il s'offrait à ses regards ?

*C'est peut être à l'erreur des Savans
que nous devons les entre-Actes.*

Si les Savans se sont trompés, c'est
à leur erreur que nous devons les entre-
Actes, ou les intervalles ménagés dans
nos Poèmes. Ils nous ont persuadés que
puisque les Anciens suivaient à peu près
cet usage, nous ne pouvions nous dispenser de le suivre aussi.

Des Actes chez les Latins.

Les Latins se sont d'abord servis du
mot *Acte* pour signifier tout un Drame.
Ce ne fut qu'après Térence que les Poètes comiques des Romains prêtèrent à

ce terme une signification moins étendue.
On prétend que les plus anciens com-
mentateurs ne l'employèrent dans le sens
que nous lui donnons, qu'afin de mieux
défigner les endroits fur lefquels ils fefaient des remarques. Le Vers d'Horace
dans lequel il eft queftion des Actes, (16)
fait pourtant croire avec raifon que ce
terme était en ufage à Rome dès le tems
même d'Augufte; mais la plus-part des
Savans foutiennent qu'Horace eft le prémier qui l'ait employé. Il s'en fuit que
les Latins connaiffant peu, ou ne connaiffant point du tout, le terme d'Acte,
devaient ignorer auffi celui d'entre-Acte.

Je ne veux pas pourtant dire que la
Scène des Latins fut toujours occupée.
Il n'y a point de Chœurs dans leurs Comédies, & l'on y voit des intervalles
fenfibles où la Scène reftait vide. On
préfume feulement qu'ils n'avaient aucun
terme pour exprimer ce que nous entendons par Acte & entre-Acte. Pour
moi je penfe qu'ils mettaient peut-être
tout uniment le nom des Acteurs au
commencement de chaque Scène, &
avant l'inftant de repos que nous appel-

---

(16) *Neve minor neu fit quinto productior actu.*

lons entre-Acte. Au reste, ce ne sont ici que des opinions particulières, qui ne tirent point à conséquence, & qui importent fort peu au Poète qui veut s'instruire des règles du Drame.

On n'est point d'accord sur le nombre d'Actes nécessaires au Poème dramatique.

On ne paraît guères d'accord sur le nombre d'Actes nécessaires au Drame. Les Italiens réduisent la plus-part de leurs Poèmes en trois Actes. Les Espagnols s'opiniâtrent à les imiter ; les Allemands ont aussi le même caprice. Je dirai au sujet de la coutume la plus usitée par ces diverses Nations, qu'un homme d'esprit m'a soutenu qu'il était plus naturel & selon les règles de réduire les Drames en général au nombre fixe de trois Actes. Il prétendait que l'exposition, l'intrigue & le dénouement seraient alors mieux rendus, puisque chaque Acte du Poème leur serait entièrement consacré. Mais je ne crois pas que cette opinion soit recevable : l'intrigue peut aussi-bien contenir deux & trois Actes qu'un seul.

D'ailleurs, il n'est pas toujours vrai que le prémier Acte soit nécessaire à l'exposition ; il suffit quelquefois de la prémiere Scene : & les meilleurs dénouemens n'arrivent souvent que dans la dernière Scène.

Les Français ne sont point éxempts de bisarreries au sujet du nombre des Actes. Je ne sçais par quelle singularité nous prétendons qu'une Tragédie n'ait jamais moins de cinq Actes. La règle sévère à laquelle nous l'assujettissons n'est point prise dans la nature. Elle gène plus d'un Auteur, qui trouve souvent son sujet trop court pour remplir la tâche prescrite. Delà viennent les dénouemens qui traînent en longueur, & ces cinquième Actes qui ne disent rien d'essentiel, tel que celui des *Horaces*. M. de Voltaire osa le prémier enfreindre cette loi gênante dans *la mort de César*. Certain Auteur (17) imita sa hardiesse d'une façon nouvelle, en composant une Tragédie en quatre Actes.

____

(17) M. de Mailhol ; *Ramire*, Tragédie, mêlée de Scènes comiques, représentée aux Italiens en 1757.

La

La longueur de l'action devrait pres-crire celle du Drame.

Je voudrais que le sujet preſcrivît ſeul la longueur du Drame, en ſorte que s'il était poſſible de bien reſſerrer une action tragique, on fût libre d'en compoſer des Drames en quatre Actes, & même en un. On me dira, que les paſſions qui font l'ame du tragique, ne pourraient faire leur effet ſi la Pièce était trop conciſe ; on m'objectera que le Spectateur n'aurait pas le tems de s'intéreſſer en faveur du Héros des Drames trop-tôt terminés. Les ſentimens trop rapprochés, s'écrie-t-on d'une commune voix, ſe détruiſent l'un par l'autre ; ils font peu d'impreſſion ſur l'âme lorſqu'ils n'ont point une juſte étendue. Je réponds, que c'eſt directe-ment alors qu'ils en font davantage. Que de larmes répand-on à la lecture de quel-ques-unes de nos Héroïdes ! Elles nous intéreſſent malgré leur ſtile affecté : le Poëme eſt pourtant bien court, & les paſſions ſe trouvent furieuſement jettées les unes ſur les autres.

Qu'on pourrait faire un ſixème Acte.

S'il arrivait qu'on ne pût dénouer l'in-

TOME I.   E

trigue à la fin du cinquième Acte, ou
même qu'il fût nécessaire d'instruire le
Spectateur de choses indispensables, je
souhaiterais qu'il fût alors permis d'ajouter
un sixième Acte. Si Corneille eût pris
cette liberté dans *le Cid*, le mariage de
Chimène s'accomplirait aux yeux des Spectateurs, qui n'auraient plus rien à désirer.
Ce nouvel Acte serait d'ailleurs susceptible de grandes beautés. Les craintes &
les transports de *Rodrigue* éclateraient ;
ce que *Chimène* doit à la mémoire de son
père combattrait encore son amour ; mais
elle se laisserait enfin attendrir aux larmes
de son Amant & aux prières du Roi. On
éviterait par le moyen que j'indique les
dénouemens forcés, qui laissent après eux
bien des choses à deviner. Dans la crainte
que les Drames ne devinssent à la fin d'une
longueur énorme, il faudrait que le
sixième Acte fût l'étendue la plus considérable, & qu'on ne pût aller au-delà.

Preuves que ce sentiment n'est pas tout-à-fait hazardé.

Qu'on ne se moque pas de la nouvelle
règle que je propose. Les Anciens nous
en ont donné l'exemple, du moins si

nous en croyons le grand Corneille, qui
paraît lui-même la conseiller à mots couverts. Voici comme il s'èxprime : « Les
» Grecs distinguaient les Actes par le
» chant du chœur ; & comme je trouve
» lieu de croire qu'en quelques-uns de
» leurs Poèmes ils le fefaient chanter
» plus de quatre fois, je ne voudrais pas
» répondre qu'ils ne le pouſſâſſent jamais
» au-delà de cinq ». Celui qui parle de la
forte eſt le plus grand Poète dramatique
que nous ayons ; c'eſt le grand Corneille,
en un mot. On ſentira aiſément pourquoi
il inſinue tout doucement que les Tragiques Grecs pâſſaient quelquefois la longueur que nous fixons à nos Drames. On
a vu un tems que nous n'ôſions faire des
Comédies que d'un Acte & de cinq. La
Mothe eſt le prémier qui ſe ſoit aviſé
d'en compoſer en deux Actes. N'arrêtons
jamais les progrès d'un art par des règles
trop rigoureuſes ; permettons-lui de les
enfreindre, lorſque ſa témérité le conduit à des beautés nouvelles.

Ce qu'il faut obſerver dans les entre-Actes.

Feſons quelques réfléxions ſur les en-

tre Actes, ou sur l'instant où la Scène
reste vide. Quand tous les Acteurs ont
quitté le Théâtre, ce n'est pas parce
que l'action cesse, mais parce qu'ils sont
contraints d'aller agir hors de la Scène.
Cependant comme le Spectateur peut trop
se refroidir par des repos fréquens &
qui tireraient en longueur, il est nécessaire que les Acteurs mettent un court
intervalle entre chaque Acte; qu'ils soient
seulement assez de tems pour donner lieu
de supposer qu'ils ont pu éprouver tel
événement, ou faire telle démarche. S'il
est démontré que la durée de l'action
doit être égale à celle de la représentation, le Poëte aura soin aussi que l'intervalle d'un Acte à l'autre n'éxige pas
un tems trop long, qui soit de beaucoup
opposé à celui où le Théâtre reste vide.
Les heures, il est vrai, sont des minutes
au Théâtre; mais la vraisemblance est
blessée, lorsqu'on veut nous faire croire
que ce qui n'a pu se passer que dans huit
ou dix heures, s'est écoulé dans un instant, loin des yeux du Spectateur. Ainsi
les entre-Actes approcheront, autant qu'il
sera possible, de l'intervalle réel qu'ils
ont à la représentation; l'on ne suppo-

sera point sur-tout qu'ils embrassent l'espace d'une nuit ou d'un jour.

.J. J. Rousseau veut avec raison que
tous les morceaux qu'exécute l'Orchestre
d'un Spectacle lyrique pendant les entre-
Actes, ayent un rapport intime à l'action
représentée, à ce qui précède comme à
ce qui va suivre, & aux sentimens qu'é-
prouvent les Spectateurs. Les autres Théâtres devraient mettre à profit un conseil
aussi sage. Les Comédiens Français commencent à donner l'exemple. Leur Orchestre ne se fesait point scrupule de
jouer autrefois dans les entre-Actes d'une
Tragédie des airs extrêmement gais, &
dans ceux d'une Comédie, des Symphonies nobles & sérieuses; mais depuis quelque tems, tout ce qu'il exécute est lié
au genre & même au sujet de la Pièce
représentée, autant que la vraisemblance
le permet. C'est par un tel usage qu'on
peut empêcher les Spectateurs de trop
se distraire dans l'intervalle des Actes :
« n'entendant jamais sortir de l'Orchestre
» que l'expression des sentimens qu'ils
» éprouvent, ils s'identifient, pour ainsi
» dire, avec ce qu'ils entendent, & leur
» état est d'autant plus délicieux qu'il
» règne un accord plus parfait entre ce

» qui frappe leurs fens & ce qui touche
» leur cœur ». (18) Nous verrons ailleurs
ce qu'on peut encore obferver fur l'Orcheftre des Théâtres dont les Poèmes
font récités.

Les Pièces du nouveau Théâtre n'ont point un nombre d'Actes fixe.

Les Auteurs du nouveau Théâtre jouif-
fent du précieux avantage d'être les maîtres d'allonger ou d'accourcir leurs Drames. Il eft certain que ceux qui travaillent pour le Spectacle moderne ont
fait paraître tout-à-la-fois fur la Scène
des Pièces en un Acte, en deux, en
trois; depuis peu ils ont pouffé jufqu'à
quatre : il ne leur manque plus que d'atteindre jufqu'à cinq Actes, pour fe vanter d'avoir donné une mefure de plaifirs,
ou d'ennui, égale à celle du Poème le
plus dans les règles. Je ne doute pas que
les Poètes dont je parle ne parviennent
bientôt à ce point refpectable, objet de
l'ambition de tant d'Auteurs, qui s'éfforcent envain d'y atteindre, ou qui font
naufrage au Port. Ils ont déjà franchi la

---

(18) Dictionnaire de Mufique.

plus grande partie du chemin. Ce dernier
pas fait, ils pourraient bien s'élever d'une
aîle rapide jufqu'à la hauteur infinie de
fix Actes, où jamais n'atteignit l'efprit
humain.

Cependant il eft de la dernière importance de favoir au jufte à combien
d'Actes l'Opéra-Bouffon & la Comédie-
mêlée-d'Ariettes peuvent être reftreints.
L'éclairciffement de cette grande queftion, apprendra aux Poètes du nouveau
Spectacle s'ils doivent mettre un frein à
leur enthoufiafme; il fixera pour toujours
les plaifirs de la France.

A juger par l'accueil étonnant que l'on
fait au Théâtre moderne, fes Poèmes
ne fauraient avoir trop d'étendue; à
peine en ferait-ce affez de leur laiffer le
champ vafte de fix Actes. Mais de pro-
fondes réfléxions m'ont conduites à pen-
fer différemment.

Que le genre de l'Opéra-Bouffon veut que fes Pièces foient très-courtes.

Il eft certain que la durée du fameux
Spectacle ne faurait être trop courte;
non parce qu'il fait naître l'ennui, mais

parce que ses charmes paraîtront plus
piquans, en restant moins sous les yeux.
D'ailleurs son genre primitif, & peut-
être le seul qui lui soit vraiment propre, étant la bouffonnerie, il fatiguerait
à la fin, s'il ne s'arrêtait à propos. Les
ouvrages burlesques, remplis de petites
passions, doivent être serrés & concis:
les hommes ne sauraient rire qu'un instant. Les Parodies sont presque toutes
en un Acte; pourquoi? la raison en est
simple; leurs Auteurs ont connu qu'en
les bornant de la sorte, elles plaisaient
davantage. Je prie le Lecteur de vouloir
bien faire avec moi la réfléxion qui suit.
Qu'il échappe dans le monde une saillie,
un bon mot, on les exprime avec briè-
veté; trop de paroles les rendraient dif-
fus, & moins saillans. Un Ouvrage dont
le principal but est de faire rire, doit
être d'une précision semblable, toute proportion gardée.

Il s'en suit donc qu'il ne faut donner
aux Pièces de notre Théâtre favori que
l'étendue d'un Acte. Quand le sujet que
vous traitez s'agrandit sous vos mains,
ou que ses différentes parties demandent
un champ vaste, alors composez trois
Actes. Voilà, selon moi, la longueur la

plus confidérable qu'il faille donner aux
Drames modernes ; c'eſt le *nec plus ul-
tra* du nouveau Spectacle.

Quoi, s'écriront ſes Poètes, déſeſpérés
qu'on vueille modérer leur vol ; vous
ne ſongez pas qu'il éxiſte à notre Théâtre une Pièce qu'on applaudit tous les
jours, quoiqu'elle ſoit en quatre Actes ?
ſon ſuccès ſi bien mérité prouve que
vous êtes dans l'erreur. Il me ſera facile de détruire un pareil raiſonnement.

Il eſt vrai que *la Fée Urgèle* paſſe les
bornes que j'aurais dèſſein de marquer.
Mais une ſeule Pièce aura-t-elle plus de
poids que la raiſon & l'èxpérience ?
Combien les Drames du nouveau Théâtre n'ont-ils pas de peine à prendre,
lorſqu'ils contiennent trois Actes ? Une
Nation peut aimer de jolis riens ; mais
elle veut que ces riens ne durent qu'un
moment : lorſqu'on l'oblige à conſidérer
long-tems des choſes frivoles, elle en
vient enfin à les trouver mauſſades. Bien
des gens auraient tort de conclure de
ce que je dis ici, que l'aimable Spectacle diſparaîtra comme un feu follet ; comme ces Météores brillans qui ſe diſſipent
bie tôt dans les airs.

E v

Je ne crois pas que l'on puiſſe me demander maintenant, ſi l'on ferait bien de donner juſqu'à cinq Actes aux Opéras-Bouffons, ou à la Comédie-mêlée-d'Ariettes. Puiſqu'il eſt démontré qu'ils ſont déjà trop longs en trois, à plus forte raiſon ſeraient-ils inſoutenables ſi l'on prétendait les augmenter. Qu'on ne penſe pas ſe ſauver à l'aîde de la muſique ; elle a ſon terme auſſi-bien que tout ce qui eſt dans la Nature. Ses ſons enchantent d'abord les oreilles ; mais ils la fatiguent, l'éxèdent, à force d'être continus. La plus-part des Opéras-ſérieux rempliſſent d'ennui leurs Spectateurs, malgré l'éxcellence de leur muſique : retranchez-en deux Actes, vous en ferez des Ouvrages charmans.

CHAPITRE VII.

Parallèle du Poème épique avec les Pièces du nouveau genre.

J'Ai traité de tout ce qui concerne le Drame du nouveau Théâtre, comme

Comédie ; je parlerai ailleurs de ce qui regarde la musique. J'ose me flatter que rien d'absolument essentiel ne m'est échappé. Les jeunes Poètes trouveront peut-être à s'instruire dans mon Ouvrage. S'ils font une sérieuse attention aux principes que je déduis, aux régles que je propose, en parlant souvent d'après les plus fameux Auteurs de Poëtique, ils en sentiront l'importance, & s'efforceront de les mettre en usage. Le Public s'appercevrait alors de quelques changemens dans le nouveau Théâtre ; il avouerait qu'il est encore possible d'augmenter son estime pour le Spectacle moderne.

Je crois donc avoir écrit avec soin tout ce qui concerne les paroles des Poëmes du nouvel Opéra. Il me paraît pourtant nécessaire, avant de terminer tout-à-fait ce qui les regarde, de faire part au Lecteur d'une singulière découverte.

Quelques Pièces du Spectacle moderne sont semblables au Poème épique.

Qui le croîrait ? notre Opéra favori ressemble, on ne peut davantage, au

E vj

Poème épique. Plusieurs Pièces du Théâtre moderne me confirment dans cette
bizarre idée. Je laisse rire ceux que la
moindre chose étonne, & je vais prouver en peu de mots ce que j'avance.

Si la plus-part des Pièces du nouveau
genre n'étaient point en Dialogue, elles
approcheraient beaucoup du Poëme épique. C'est la principale différence que
j'y trouve. Voyons les ressemblances;
elles sont étonnantes.

Diverses preuves de ce qu'on avance.

Le commencement des Poèmes épiques est toujours simple; celui des Drames modernes est d'une simplicité admirable. A l'éxemple des célebres Auteurs épiques, il ne s'élève pas d'abord
jusqu'aux nues; il se souvient de ces
Vers de Boileau:

Que le début soit simple & n'ait rien d'affecté.

N'allez pas dès l'abord, sur pégase monté,

Crier.... d'une voix de tonnerre;

Je chante le vainqueur des vainqueurs de la

    terre.

Voici le début d'Homère dans *l'Iliade.*
« Déesse, chantez la colère d'Achille,

» fils de Pélée ; cette colère pernicieufe
» qui caufa tant de malheurs aux Grecs».
Virgile n'eft auffi nullement pompeux à
l'ouverture de l'*Enéïde*. « J'ai autrefois
» fait retentir les forêts du fon de mes
» chalumeaux…. je chante maintenant
» les terribles combats, & ce chef des
» Troyens, qui, forcé par le deftin de
» s'éxiler de fa patrie, vint aborder aux
» rivages de Lavinium». M. de Voltaire,
le Poète épique des Français, n'eft pas
moins fimple au commencement de *la
Henriade* :

Je chante ce Héros qui règna dans la France,
Et par droit de conquête & par droit de naiffance.

Rapportons actuellement les prémières
lignes de quelques Opéras-Bouffons, ou
Comédies-mêlées-d'Ariettes, car c'eft à
peu près la même chofe ; on y décou-
vrira fûrement autant d'art. Qui ne ferait charmé de l'ouverture modefte &
naïve d'*on ne s'avife jamais de tout* ?
« Je vais, je viens ». L'Auteur pouvait
s'élever, mais n'a eu garde de le faire
encore. « Ma femme, ma femme ! Diable
» foit du barbier » ! C'eft ainfi que commence *le jardinier & fon Seigneur* ; peut-
on rien de plus uni ? L'Auteur de *Sancho-*

Pança fait auffi des merveilles. « A la
» fin finale j'arrivons ». Je défie qu'on
trouve là de l'enflure. En général je vois
encore plus de fimplicité à l'entrée des
Drames du nouveau Théâtre, qu'au début des plus célèbres Poèmes épiques.
Continuons le parallèle.

Le Poème épique contient beaucoup
de Perfonnages fubalternes ; les Pièces
du Spectacle moderne en font remplies.
L'Epopée ferait trop maigre, trop en-
nuyeufe fans le fecours des Epifodes ;
ôtez ceux de l'Opéra-Bouffon, vous
le réduirez prefqu'à rien. Les Principaux
Acteurs du Poème épique s'occupent
fouvent du plaifir de boire & de manger ; (19) ceux de notre Théâtre favori
font fujets aux mêmes penchans. (20)

Le ftile ordinairement fublime de l'un,
& les façons de parler baffes & com-
munes de l'autre, ne paraiffent guères
fe concilier enfemble. Mais outre qu'il
eft poffible de rencontrer dans plufieurs
Pièces du Théâtre de la Nation des en-

---

(19) Ceci regarde quelques endroits d'Homère.

(20) Voyez *Annette & Lubin*, *le Bûcheron*, *Sancho-
Pança*, *le Roi & le Fermier*, *Soliman fecond*, *la
Bergère des Alpes*, &c.

droits nobles & relevés, les termes d'*ivrogne*, *âne*, *bœuf*, *pourceaux*, &c. que l'on voit dans *l'Iliade* & dans *l'Odiſſée*, ſont aſſez dans le genre de notre Spectacle adoptif.

On donne au Poëme épique autant de Livres ou de Chants que l'on veut ; j'ai montré que les Poëmes du nouveau Théâtre jouiſſent des mêmes prérogatives : on les diviſe en autant de parties, ou d'Actes, que l'on juge à propos.

Enfin un dernier trait achèvera de prouver la reſſemblance des Drames modernes avec les chefs-d'œuvres des Homère & des Virgile. L'unité de lieu n'eſt jamais obſervée dans le Poëme épique. *Uliſſe* va chez les *Lotophages*, en Afrique ; il ſe trouve dans l'île délicieuſe de *Calipſo* ; il tombe dans l'antre affreux du cruel *Poliphéme* ; le hazard le conduit chez l'enchantereſſe *Circé*, &c. On voit *Enée* tour-à-tour à Troye, à Carthage, & enfin en Italie. Le lieu de la Scène change auſſi à chaque inſtant dans la Comédie-mêlée-d'Ariettes. Tantôt l'action ſe paſſe dans un bois, tantôt dans une chambre ; ici le Hèros eſt à la campagne, & là dans une ville ; il ſe trouve enſuite dans une chaumière, & puis dans un palais ſuperbe.

J'ajouterai que le nouveau Théâtre enploye le merveilleux, auffi-bien que l'Epopée. Un jeune Chevalier eft aimé d'une Fée ; après nombre d'incidens, lorfqu'il fe croit condamné à refter toute fa vie dans une miférable cabane, & à mourir l'époux d'une vieille affez dégoûtante, il eft tranfporté tout-à-coup au milieu d'un palais magnifique, & dans les bras d'un objet enchanteur : ne voilà-t-il pas du merveilleux ? Si les Dieux de la Fâble agiffent dans l'Epopée, on les fait auffi intervenir dans les Drames bouffons. *Mercure* vient au bruit du tonnerre annoncer à un pauvre Bucheron, de la part de *Jupiter*, qu'il ne tient qu'à lui d'être heureux.

Je pourrais étendre davantage ce parallèle ; mais en voilà bien affez pour en prouver la jufteffe, & pour égayer mon Lecteur, que j'ai cherché à diftraire un inftant.

CHAPITRE VIII.

Réfléxions sur le plaisir qu'on ressent à la représentation d'un Poème comique, & sur la douleur qui déchire l'ame des Spectateurs d'un Drame sérieux.

AFIN de terminer ce cinquième Livre par quelque chose d'utile, je vais hazarder des réfléxions sur les divers sentimens qu'éprouvent les Spectateurs d'un Poème dramatique ; je vais tâcher de découvrir les causes de l'intérêt qu'ils prennent aux aventures fabuleuses représentées sur la Scène, & au plaisir qu'ils ressentent à une Tragédie, quoiqu'elle les pénètre de la plus vive douleur, & qu'elle leur fasse souvent répandre des larmes. Parcourons les principaux genres de Drames qu'on voit au Théâtre, & commençons par la Comédie, qui, selon les apparences, fut la prémière représentation en règle connue des hommes.

Il est bien certain que l'action d'une

Comédie n'a rien de réel, & que ses Personnages sont tous chimériques ; le Spectateur intelligent doit donc s'étonner de s'intéresser à des fables. Qu'on ne croye pas que l'illusion théâtrale suffise pour donner à la fiction tout l'air de vérité qu'il lui faut pour convaincre l'esprit & l'attacher : il reste toujours une certaine persuasion intime qui nous avertit de la tromperie qu'on nous fait. Comment se peut-il donc qu'un Drame comique, fondé ordinaîrement sur la fiction, nous intéresse autant que si nous contemplions véritablement dans la société les événemens dont nous ne sommes témoins qu'au Théâtre ? C'est dans le cœur humain que nous allons trouver l'explication d'une telle bizarrerie.

Les Spectacles auraient été bientôt détruits, si l'homme ne s'était absolument intéressé qu'à la vérité ; mais il suffit qu'il en voye l'apparence ; sa seule image le touche & l'affecte. Disons encore plus à la louange de notre espèce, & cette réflexion regarde particulièrement la Tragédie ; par un penchant naturel, qui subsiste toujours en nous malgré nos vices, & qui prouve que nous sommes faits pour vivre en société ; ce n'est pas

feulement aux incidens, aux malheurs
réels, que nous voyons arriver fous nos
yeux, que nous prenons vivement part ;
dès qu'on nous peint avec des couleurs
vraifemblables, ou avec un crayon énergique, des revers auxquels l'on peut être
fujet, nous fommes émus & affectés.
On fuit d'un œil auffi curieux, & auffi
inquiet le Perfonnage repréfenté au Théâtre, que fi l'on contemplait dans le
monde fes folies ou fes infortunes. Les
fituations les plus éxagérées des Romans,
éxcitent notre compaffion ; il fuffit qu'elles
ayent un air de vraifemblance, & qu'il
ne foit pas impoffible qu'on les éprou-
vât un jour.

La malignité humaine eft encore une
des principales caufes de l'intérêt qu'on
prend à une Comédie. Les Perfonnages
qu'on y voit agir font factices, il eft
vrai ; mais leurs ridicules & leurs paffions fe trouvent dans la plus-part des
hommes ; l'on ne faurait donc manquer
d'être frappé d'un tableau qui peint au
naturel nos erreurs & nos travers Le
miroir ne révolte pas, quoiqu'il réflé-
chiffe fidèlement tous les objets ; il nous
permet de voir dans autrui ce que l'a-
mour-propre nous empêche de découvrir

en nous. L'Avare rit de la peinture qu'on fait de lui-même, & croit se moquer de son voisin; la Coquette applaudit à son portrait, & dit tout haut à l'oreille de cinq ou six personnes discretes, qu'elle connaît bien là son amie; le petit Maître sourit à l'esquisse de ses ridicules, & s'écrie, que le Marquis un tel est peint à ravir. En un mot, la joye qu'inspire un Drame plaisant, n'est point troublée par la certitude qu'on a tout-à-coup de ses vices; ce n'est qu'insensiblement qu'il porte la lumière dans notre cœur; il nous corrige par dégrés & avec douceur, comme des enfans gâtés qu'il faut traiter avec ménagement.

Il s'en suit que la Comédie ne saurait peindre trop fortement les caractères qu'elle va chercher dans le monde; plus leurs traits seront marqués, plus ils seront chargés de ridicules, & plus ils réjouiront les Spectateurs. Les bons mots, les plaisanteries d'un Poème enjoué, dissipent la mélancolie, & font souvent sourire l'homme le plus grave, parce qu'assaisonnés du sel de la fine Satire, ils réveillent en nous la malignité, qui les saisit toujours avidement.

L'esprit a besoin de se délâsser quel-

quefois ; il ne peut pas s'occuper fans
cesse de choses importantes & èxtrêmement relevées ; aussi voit-on le Philosophe & le Savant rire au Théâtre
des mêmes traits qui éxcitent la bonne
humeur du Peuple. Nous lisons dans la
vie de Bayle, que ce docte Auteur quit-
tait souvent la plume pour courir aux
farces des baladins. D'ailleurs, la con-
viction de notre misère, nous porte à
rechercher les amusemens, afin de nous
distraire des idées tristes qui nous affligent.
Il est donc naturel que l'on chérisse un
genre de Drame qui console en même-
tems qu'il réjouit.

La simplicité qui accompagne ordinairement la Comédie, est aussi la raison
du plaisir qu'elle nous procure. Il ne faut
point se transporter dans les tems reculés
de l'histoire, ni parcourir de vastes contrées, pour mieux connaître les Héros
qu'elle fait agir ; ses Personnages sont
copiés d'après des originaux qui vivent
parmi nous : on croit voir agir & entendre parler des personnes que l'on
fréquente chaque jour. Les passions, les
intérêts qu'elle traite, ne sont point non
plus trop relevés, & peuvent s'appliquer
à chaque particulier, quel que soit son

rang, & la médiocrité de sa fortune. Enfin, la Comédie étant l'image simple & peu ornée de ce qui se passe dans la société, doit plaire nécessairement aux Spectateurs, qui ne se méconnaissent pas tout-à-fait dans les avantures & dans les vices qu'elle leur trace.

Je ne prétens point élever la Comédie au-dessus de sa rivale. Elles ont chacune leur mérite particulier. Par des moyens divers, elles font la même impression & arrivent au même but, qui est de corriger & de plaire.

Est-il difficile de démêler les causes de l'intérêt qu'on prend à une Tragédie? elle nous affecte par la peinture frappante qu'elle fait des grands crimes, & par l'horreur qu'elle nous en donne. Les grandes vertus sont aussi de son ressort. Elle nous porte à les admirer, à frémir des malheurs qui les accablent, & à désirer intérieurement d'être aussi dignes d'estime que le Hèros ou la femme célèbre qui nous subjuguent & nous étonnent.

Quoiqu'il semble que la plus-part des Spectateurs d'une Tragédie doivent considérer son action avec indifférence, puisque ses Personnages sont des Princes ou

des Rois, qui, par conséquent, leur sont
étrangers; il arrive pourtant tout le contraire. C'est que les passions employées
dans une Tragédie sont directement les
mêmes que celles que ressentent tous les
hommes; mais on les présente avec plus
d'appareil, & les suites en sont plus importantes. L'ambition, l'orgueil, l'amour,
la haîne, la fureur, qui agitent les Rois,
déchirent pareillement l'ame du dernier
Citoyen; mais les transports où le livrent
ces diverses passions ne sont point si
terribles & n'éxcitent point tant la curiosité publique. Voilà pourquoi l'on
court avec empressement aux représentations des Drames sérieux. Le Spectateur contemple avec éffroi ses passions
dans l'âme des Princes de la terre; il
voit en grand les malheurs qu'elles oc-
casionnent parmi le Peuple.

Ne pourrait-on pas encore présumer,
que dans une Tragédie, notre curiosité
est violemment éxcitée. On est charmé
de pénètrer les secrets des Rois, d'être,
pour ainsi dire, leurs confidens & leurs
juges. On les voit au grand jour, on
lit dans le fond de leur âme. C'est avec
une satisfaction infinie qu'on devient le
témoin des actions les plus cachées de

ces superbes mortels, qui fefaient autrefois trembler l'Univers. Ainfi les plaifirs
procurés par la Tragédie font compara-
bles à ceux qu'on éprouve en lifant l'Hiftoire.

Mais quelque raifon que l'on puiffe
donner de l'intérêt qu'on prend aux Poèmes tragiques, le Philofophe s'étonnera
toujours que l'on chériffe des Ouvrages
qui nous rempliffent de douleur, qui
nous arrachent des cris & des larmes:
car enfin il ne paraît pas naturel de trouver
des délices à s'affliger. Tâchons d'expliquer ce phénomène; voyons fi l'efprit humain eft en contradiction avec lui-même.

Plufieurs Auteurs célèbres ont propofé
leurs fentimens au fujet de la queftion
fur laquelle j'ai deffein de réfléchir.
L'Abbé du Bos (21) croit qu'on aime les
Spectacles tragiques, quelque déchire-
ment qu'ils faffent éprouver à l'âme fenfible, parce que le cœur eft ennemi du
repos, qui le fait tomber dans l'indo-
lence, dans une langueur infipide : afin
de s'occuper, il fe remplit de paffions,
triftes ou enjouées, peu lui importe,
pourvu

---

(21) Refléxions fur la Poéfie & la Peinture.

pourvu qu'elles le retirent du désœuvre-
ment. M. de Fontenelle prend un autre
chemin ; il pense qu'on pleure avec plaisir
sur les malheurs d'un Héros qui nous
intéresse, par ce qu'on est persuadé que
ce n'est qu'une fiction. M. Hume, dont
les écrits font tant d'honneur à la Nation
Anglaise, fait à ce sujet des réfléxions
très-savantes & très-ingénieuses. (17) Sans
nous arrêter à discuter les diverses opinions de ces trois Auteurs, disons en
peu de mots quel est notre sentiment.

J'ai déjà observé en parlant de la Comédie, que l'homme est si disposé à s'intéresser aux malheureux, qu'il est même
touché des situations les plus fabuleuses,
pour peu qu'elles soient vraisemblables.
Je rappelle ici cette réfléxion, parce
qu'il me semble qu'elle donne une solu-
tion satisfaisante de la difficulté proposée.
Il est naturel que nous chérissions la
Tragédie, puisqu'elle réveille en nous ce
penchant que nous avons à la pitié. Loin
d'être rebuté par les larmes qu'elle fait
répandre, par l'impression de douleur

---

(17) Dissertation sur la Tragédie, traduite en
Français, ainsi que les Œuvres philosophiques de
M. Hume.

TOME II.   F

dont elle nous pénètre, nous n'en fesons nos délices qu'à cause de ces mêmes éffets. Le Drame tragique qui ne nous désespère point par une catastrophe affligeante, n'est pas regardé comme une véritable Tragédie. Nous voulons être accablés d'une douleur qui nous laisse une sombre mélancolie ; nous nous indignons, pour ainsi dire, qu'on essuie trop-tôt des larmes qui prouvent notre humanité.

Il est si vrai que la tristesse & les angoisses que nous cause la Tragédie, nous paraissent délicieuses parce qu'elles satisfont le penchant qu'ont tous les hommes à plaindre les infortunés, que jamais au Théâtre on n'a éprouvé avec peine ces sentimens, tout douloureux, tout déchirant qu'ils sont dans d'autres circonstances. Eh, quel est le cœur qui ne s'ouvre avec joye à l'affliction, lorsqu'il s'agit de s'intéresser au sort de l'innocence persécutée ? La douleur n'est plus une peine alors, elle est un plaisir. Que les larmes qu'on répand à la représentation d'un Drame sont différentes de celles que nous arrache notre propre infortune ! (18)

____

(18) *Est quædam flere voluptas.* Sénèque le tragique. Ce que je viens de dire sert à prouver la vérité de

Il est inutile de parler des autres Spectacles. Le faible intérêt qu'on prend aux Poèmes lyriques, ne mérite aucune attention : il est impossible qu'on soit beaucoup affecté de ce qui concerne leurs Personnages, puisque la musique refroidit nécessairement l'intrigue, & empêche d'entendre une grande partie des paroles ; d'ailleurs, l'action des Drames chantans est ordinairement très-peu de chose.

cette maxime, sur laquelle les Savans ont tant disserté & nous indique peut-être à quoi son Auteur l'appliquait particulièrement. Disconviendra-t-on que ce ne soit sur-tout au Théâtre qu'il y ait une certaine volupté à pleurer ?

Fin du cinquième Livre.

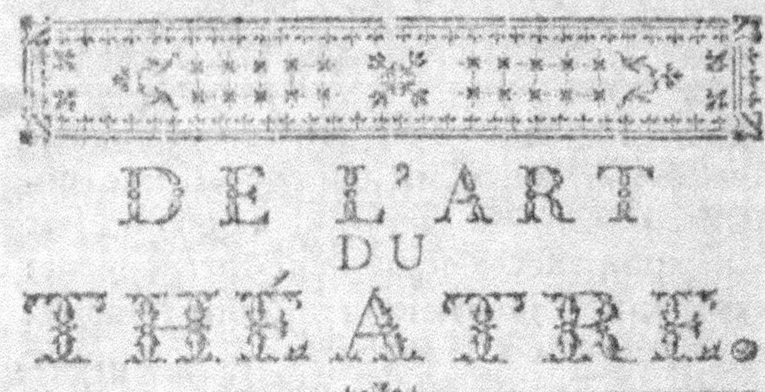

DE L'ART DU THÉATRE.

LIVRE SIXIEME.

SOMMAIRE.

De ce qui regarde les paroles dramatiques, on passe naturellement à ce qui concerne la Musique dans un Poème chantant. On fait d'abord l'Histoire de cet Art, duquel on tâche de raisonner en Philosophe. Il est trop souvent question de l'Opéra-sérieux dans cet Ouvrage, pour l'avoir oublié ; aussi n'omet-on rien d'essentiel sur ce genre brillant de Spectacle. L'on examine ensuite si les Français ont une Musique passable, & si l'Italienne doit lui être préférée. On finit par donner des règles sur toutes les parties du chant théâtral à une & à plusieurs voix. On rappelle que le chant dramatique doit être amené à propos, & qu'il doit être naturel autant qu'il est possible. Les observations répandues dans ce dernier Livre tendent à lier plus intimement la Musique à la Poésie, ces deux Arts considérés au Théâtre.

CHAPITRE PREMIER.

De la Musique.

LE Poète doit avoir trouvé dans les Livres précédens tout ce qu'il y a de plus effentiel dans l'art dramatique. Je ferais parvenu au but que je me fuis propofé, fi l'on ne voyait au Théâtre plufieurs fortes de Poèmes chantans, qui exigent néceffairement que l'on parle de la mufique : auffi ce fixième Livre ne fera-t-il confacré qu'à tout ce qui fe rapporte à cet art, dans les Ouvrages qu'on met fur la Scène. Je vais écrire pour le Poète & pour le Muficien. Il eft des chofes importantes que l'un & l'autre ne doivent pas ignorer dans la compofition d'un Drame où leurs divers talens fe réuniffent. Si j'entre dans un trop long détail au fujet de la mufique, on me le pardonnera facilement, dans un fièele où cet art fait le principal ornement de plufieurs de nos Théâtres.

Définition de la Mufique.

Tâchons d'abord de définir ce qu'on entend par *Mufique*; (19) voyons quelle idée ce terme fait naître dans l'efprit. C'eft la fcience de former par une com-

----

(19) On croit que le mot mufique vient du Latin *mufa*, parce que les mufes, dit-on, inventèrent cet Art.

binaison de bruits ou d'accords différens ;
& par la variété de la voix humaine, une
harmonie complette. De plusieurs sons
multipliés, & des diverses infléxions de
la voix, il résulte quelque chose d'a-
gréable, qui charme l'oreille, & que
nous appellons *Musique* en général. J'observerai que les Sons ne font autre chose
qu'un bruit (20) tantôt moindre, tantôt
fort, qu'on tire de quelque instrument
de bois ou de métal, qui varie la manière de l'entendre selon sa forme, ou
selon qu'il est épais ou mince. Ainsi le
secret de la musique instrumentale consiste
à éxciter un certain bruit, qu'on diminue,
qu'on grossit avec art, & qu'on fait même
quelquefois cesser tout-à-fait : c'est donc du
mélange singulier du bruit & du silence
qu'on voit naître ce que nous nommons
Harmonie. La musique vocale s'attache à
copier les différens cris de l'homme, &
les tons divers qu'il fait prendre à sa voix.
Remarquez que tous les airs des chansons
ne font autre chose qu'une manière de
parler plus ou moins lente, plus ou moins
rapide. En chantant on élève beaucoup

----

(20) Voyez le mot *Bruit* dans le Dictionnaire de
Musique, par J. J. Rousseau.

plus la voix que lorfqu'on s'èxprime ordinairement. La marche preffée & rapide de nos grands airs ou de nos chanfons eſt un figne de joye ; leur mouvement progreſſif & faible, nous peint la
douleur ou la tendreſſe. Il s'enſuit de
tout ceci que la muſique inſtrumentale
eſt un compoſé de différens bruits, plus
ou moins modifiés ; & que la vocale
n'eſt que l'image de la manière dont les
hommes élèvent ou abaiſſent la voix en
articulant plus ou moins vîte, ſelon le
degré des paſſions qui les agitent.

Voilà ce que c'eſt que la muſique en
général, ce rien agréable, dont les Anciens furent ſi charmés, & que les Modernes ne chériſſent pas avec moins d'en-
thouſiaſme.

La Muſique imite le bruit & le mouvement.

Il faut pourtant dire en ſa faveur,
qu'elle imite, à l'aide des ſons, tout ce
qui dans la nature a du mouvement accompagné de quelque bruit. Elle peint
le ramage des oiſeaux ; le murmure d'un
ruiſſeau qui roule lentement dans la campagne ; le calme de la mer, ſes flots
irrités, & les vents qui mugiſſent.

Cette imitation n'a rien de merveil-
leux.

Mais cette imitation est-elle d'un si grand prix ? je soutiens qu'elle est si naturelle à l'homme qu'il lui était impossible de ne pas la trouver. Tout ce qui nous environne n'est point en repos ; le silence est banni de l'Univers, il est l'image du néant : l'habitant de la terre était donc conduit par ce qui l'entourait, autant que par sa nature, & ses besoins, à faire & à exciter des bruits ; & voilà ce qui insensiblement lui fit découvrir la musique instrumentale. La voix devait naturellement s'élever & s'abaisser, précipiter & ralentir ses mouvements ; & voilà la musique vocale qui se forme par degrés : or lorsque tout concourt à nous porter à une chose, il est tout simple, qu'on la découvre. Qui avertit l'homme d'inventer l'art de la peinture ? Sa seule industrie. Qui donna naissance à la Poësie ? Le goût seul & la religion. Rien n'indiquait ces deux arts sublimes ; au lieu que la musique devait se présenter tout de suite, puisque du bruit & des infléxions de voix font ce qui la compofe. Examinez un enfant qui commence à peine à bégayer & à faire ufage de fes pieds & de fes mains ; il pouffe quelquefois lorfqu'il eft joyeux des accens qui reffemblent affez à des efpèces d'airs notés. Tient-il deux petits bâtons, ou quelque autre jouet, il les frappe en cadence, il en forme une efpèce d'harmonie. La mufique eft donc très-peu de chofe par elle-même. Les ornements dont l'enrichirent les Anciens, & les bautés que lui procurent les Modernes, la rendent tout-à-fait charmante, fans lui donner un mérite plus réel.

La Mufique inftrumentale ne peint pas tout-à-fait les paffions.

Il eft vrai que la mufique inftrumentale femble imiter auffi toutes les paffions dont l'ame eft agitée, telles que la joye, la trifteffe, la colère & l'amour ; & qu'il paraît étonnant que des fons puiffent être l'image des paffions : mais je crois que la peinture qu'elle nous en fait n'eft vraie que par l'idée que nous nous formons. On eft convenu depuis long-tems que tels fons, que tels bruits plus ou moins

F v

lents, nous èxprimeraient la douleur ou le plaifir. L'imagination travaille donc plus à nous féduire que tout autre chofe ; car enfin, il n'eft pas réellement vrai que des accords doux, ou bien aigus, ayent de l'analogie avec ce qui fe paffe en nous-mêmes : ils peuvent peindre à peu près le phifique de notre monde ; mais non un fentiment. S'ils ont quelque rapport avec nos paffions, il eft bien indirect. Je ne le trouve que dans le mouvement que nous nous donnons lorfque notre âme fe livre à de grands tranfports, & qu'il eft certain que la mufique imite ; mais elle ne faurait aller plus loin.

La Mufique vocale eft plus vraie.

La mufique vocale a plus de reffource pour imiter ce qui fe paffe dans l'intérieur de l'homme. C'eft lui-même qu'elle anime ; il lui fuffit de le faire s'èxprimer au naturel, tantôt avec véhémence, tantôt avec lenteur, felon les paffions qui l'agitent.

C'eft en copiant la nature que la Mufique fait impreffion.

Les partifans de la mufique en général

s'écrient tous à la merveille, & feraient tentés de conclure qu'elle peint jufques au fentiment, parce qu'on croit qu'elle éxcite en nous le chagrin, la fureur, la pitié, la tendreffe. S'ils voulaient faire attention à ce qui fe paffe chaque jour dans le monde, ils verraient que cette prétendue merveille fe réduit à peu de chofe. Forçons-lès d'appercevoir une vérité, dont ils femblent détourner les yeux.

J'ai déjà dit que la mufique n'était qu'un bruit adouci ou forcé. C'eft delà qu'elle tire tout fon pouvoir. Quand fes accords font rudes, vifs, nerveux, bruyans, ils nous agitent avec force, & peuvent nous infpirer la colère & la fureur, comme le quatrième Acte de *Zoroaftre* : font-ils fombres, c'eft-à-dire fourts, ils nous font fentir la terreur; lents & déliés, ils nous portent à l'amour : deviennent-ils légers, leur marche eft-elle rapide, la joye vient auffi-tôt nous faifir. Mais elle doit ces éffets admirables à notre conftitution particulière, plutôt qu'aux beautés de fon art. Chaque jour nous les éprouvons fans elle. Un grand bruit nous éffraye; il nous charme lorfqu'il eft doux & modéré. Le fouffle léger du zéphir qui frémit agréablement à notre oreille, nous réjouit, nous enchante; le sifflement des vents mutinés nous inspire une certaine crainte, & nous porte à la fureur. Le murmure d'un ruisseau nous remplit d'une douce rêverie, & fait naître par degrés dans notre ame le penchant à l'amour. Dès que nos oreilles sont frappées par le bruit des flots qui roulent l'un sur l'autre, & qui se précipitent en mugissant sur le rivage, la terreur s'empare de nous, des mouvements de colère sont prêts à nous animer. Le silence des forêts qu'interrompt le zéphir qui se joue entre les feuilles des arbres, nous élève l'âme, nous remplit d'un sentiment majestueux.

Il s'en suit donc delà que ce n'est pas directement la musique qui nous fait éprouver des sensations; mais les différens bruits qu'elle imite. Elle a étudié tout ce qui fesait impression sur nous dans la nature; elle met à profit ses remarques; & on lui attribue aussi-tôt des éffets qui viennent d'une cause plus éloignée.

Après avoir démontré des vérités aussi frappantes, voyons quelle idée peut faire naître, dans l'esprit du Philosophe, le terme *Musique*.

Ce que le Philosophe conçoit par le terme Musique.

Le Sage conçoit par ce mot un assemblage de bruits plus ou moins modifiés; quelque chose qui chatouille l'oreille sans aller jusqu'à l'ame; une certaine harmonie qui laisse dormir l'esprit pour réveiller les sens. Enfin le Philosophe entend par Musique, des sons vains & passagers, qui se dissipent à l'instant, & ne laissent rien après eux; tel qu'on voit une légère fumée s'évaporer & se perdre dans les airs. L'homme s'amuse de ces sons frivoles, de même qu'un enfant se réjouit du bruit de son tambour, ou de ses autres jouets.

Idées du vulgaire.

Le commun des hommes se forme une idée bien plus noble de la musique. Il la regarde comme l'occupation la plus digne de l'homme. Selon lui, c'est un art divin, qu'on ne saurait trop estimer, & qui fait le bonheur de l'univers entier. Mais que devons-nous croire préférablement, ou le vulgaire ou le Philosophe?

Différentes causes qui firent naître la Musique.

Le Lecteur sçait maintenant ce que c'est que la musique. Afin qu'il puisse connaître tout-à-fait cet art célèbre, je vais lui en raconter l'histoire. Il sera charmé d'apprendre ce qu'il était autrefois , les progrès qu'il fit , & comment il parvint jusqu'à nous. Parcourons rapidement une partie des causes qui purent le faire naître. Commençons par la musique vocale.

Il faut chercher son origine dans la plus haute antiquité. Il est probable que la musique vocale dévança toutes les autres sciences & suivit de bien près l'instrumentale que je crois un peu plus ancienne. Les prémiers habitants de la terre rendirent sûrement un culte à un Etre suprême ; ils sortaient trop nouvellement de ses mains pour le méconnaître. Lorsqu'ils firent en commun leur prière au Dieu dont tout les assurait qu'ils étaient l'ouvrage , ils auront peut-être trouvé , sans s'en appercevoir , l'invention du chant. Elevant leurs vœux vers le ciel , ils poussaient des cris con-

fus, dont réfultait une efpèce de chant.
Le père de famille, ou le chef de la
fociété qui s'affemblait pour rendre fes
devoirs à l'Etre fuprême, priait fans
doute à haute voix au nom de tous ceux
qui l'environnaient ; afin que tout le
monde pût l'entendre, il élevait appa-
ramment fa voix le plus qu'il lui était
poffible. On aura fûrement compofé
par la fuite une prière qui fe difait chaque jour ; & pourquoi n'aurait-on pas
imaginé en même-tems une manière fta-
ble de la prononcer ?

Des querelles particulières, ou l'envie
de s'arracher fes poffeffions, firent naître
ce fléau deftructeur de l'humanité, que
nous appellons la guerre. En allant au
combat, on s'éxcitait par des cris ; peut-
être qu'un guerrier aura tiré de ces cris,
ou de ces mots entrecoupés par lefquels
on témoignait fa fureur, une manière de
chant qu'on aura confervée pour l'employer dans l'occafion. Ceux qui rem-
portaient la victoire, fe réjouiffaient fûrement de leur bonheur ; il eft encore
naturel que le chant fe foit alors pré-
fenté, puifqu'il eft l'èxpreffion de la
joye.

Les prémiers Pasteurs qui gardèrent les troupeaux cherchèrent à charmer leur vie oisive ; se livrant à mille réfléxions, ils répétèrent par hazard tout bas quelques mots plus lentement ou avec plus de vivacité que de coutume. Frappés de l'agrément qu'ils trouvèrent dans cette façon nouvelle de s'éxprimer, ils composèrent bientôt des paroles qu'ils prononçaient avec une certaine cadence : voilà l'origine de nos chansons. Le plus habile se fit admirer, & attirait autour de lui les Pasteurs & les Bergères du voisinage.

Mais on attribue particulièrement aux oiseaux l'invention du chant. Oui, c'est au pinson, à la fauvette, au rossignol, que nous sommes redevables de la découverte d'un amusement dont nous fesons nos délices. Que ne devrions-nous pas faire pour leur témoigner notre reconnaissance ! mais l'homme sera toujours ingrat. Il renferme dans une étroite prison les jolis maîtres d'un art qui lui procure tant de plaisir. Voici comment on présume qu'ils nous l'enseignèrent.

On fut bientôt frappé de l'harmonie de leur ramage, & l'on s'éfforça de l'imiter. La voix légère & déliée des femmes approcha davantage de la délicateſſe de leur chant. Une jeune Bergère, remplie du déſir de ſe diſtinguer, épia ſi ſouvent le roſſignol ou la fauvette ; elle prêta une oreille ſi attentive à leur ramage, qu'elle parvint enfin à le contrefaire en partie. Elle allait doucement dans le fond des boſquets ; elle répètait à demi-voix le chant de l'oiſeau dont elle recevait des leçons. Lorſqu'elle ſe crut un peu inſtruite, elle ôſa mêler le bruit de ſes accens à la douce ſimphonie de ſon aimable Maître. Le roſſignol étonné s'interrompait pour l'entendre, & redoublait le charme de ſon harmonie, dans la crainte d'être ſurpaſſé. La Bergère s'arrêtait auſſi par intervale afin de l'écouter. Enchantée de ſavoir un nombre infini de petits airs, elle les joignit à des paroles tendres qui exprimaient les ſentimens de ſon cœur. Ses précieux talens ne tardèrent pas à la rendre célèbre. Toutes les Bergères s'empreſſèrent à la ſurpaſſer. (20)

Voilà ce qui concerne la naiſſance de la muſique vocale. L'origine de l'inſtru-

____

(20) Voyez la charmante Idyle de M. Geſſner, Auteur Allemand, intitulée, *l'invention de la Lyre*

mentale, quoique à peu près la même ;
à de petites différences, qui méritent
qu'on les décrive séparément.

La Musique instrumentale est plus ancienne que la vocale ; son origine.

Je la crois de quelque tems plus ancienne que l'autre. Il est probable que
les hommes se servaient de quelques instrumens avant de savoir chanter ; la
Nature même & les besoins de la société
en auront appris l'usage. Le bruit est,
pour ainsi dire, notre élément ; les prémiers habitans de la terre en auront fait
d'abord par instinct, ensuite par nécessité, & après quoi par goût. Expliquons-
nous mieux. J'ai déjà donné l'éxemple
d'un enfant qui, à mesure qu'il se développe crie & s'agite, & se plaît à former un certain bruit avec tout ce qui

---

& du Chant. Je saisis cette occasion pour me plaindre publiquement d'un Vol Littéraire qu'on m'a fait
il y a quelque tems. Après avoir passé plusieurs années
à mettre en Vers les Idyles & les Poëmes champêtres
de M. Gessner, je les ai perdus par l'infidélité d'un
faux ami. Il n'est que trop de gens qui ne se font
point scrupule de s'approprier les Ouvrages d'autrui.

lui tombe sous la main. L'homme aura
bientôt senti qu'il ne pouvait se dispenser
de se faire entendre au loin ; il fallait
rappeller ses troupeaux épars, avertir,
exciter des combattans : pour suppléer
à la faiblesse de sa voix, il inventa quelques instrumens grossiers ; les Pasteurs en
firent retentir les campagnes ; le Guerrier s'en servit pour se mettre en fureur,
ou pour ranimer son courage. Le goût
perfectionna peu-à-peu ce que le besoin
avait fait créer. L'usage du fer & des
autres métaux fit dédaigner les instrumens qui n'étaient que de la corne de
quelque animal. Les victoires remportées
amenèrent les réjouissances, qui tirèrent
leur vivacité du bruit éclatant que l'on
fesait rendre à des machines harmonieuses
ou plutôt bruyantes.

Sans doute encore qu'un Berger mettant
à profit son heureuse oisiveté, s'avisa de
vouloir imiter sans l'aîde de la voix le
chant du rossignol. Eclairé par divers es-
sais, il fabriqua enfin un instrument singulier, qui le fit jouir à peu près du
bonheur qu'il désirait. Voilà, selon moi,
la vraie origine de la flûte à dix troux,
ou à plusieurs tuyaux ; & de tout ce
qui sert à présent à la musique instru-

mentale. Remarquez que plusieurs de nos instruments ont une certaine analogie avec le ramage des oiseaux, & qu'ils s'éfforcent de le copier. Il en faut excepter surtout la Bâsse, dont le son plein & continu n'est que pour lier & donner du corps à l'harmonie.

Diodore, & après lui Kircker, prétendent que la musique instrumentale, la prémière de toutes les musiques, se rétablit en Egypte après le déluge, & qu'on en conçut la prémière idée du son que rendaient les roseaux qui bordaient le Nil, quand le vent soufflait dans leurs tuyaux. Le brut que fait le vent en passant dans les tuyaux des cheminées, fit découvrir, selon d'autres, (21) à Andron Catanéen l'invention de jouer de la flûte, en soufflant dans un tuyau de bled qu'il avait percé de plusieurs petits trous. Plutôt que d'adopter des traits d'histoire aussi fabuleux, ne vaut-il pas mieux chercher la prémière origine de la musique instrumentale dans le besoin qu'eurent les hommes de se faire entendre au loin?

---

(21) Celse. Lib. 5, Chap. 4.

Quoiqu'il en soit des différens fiftêmes que je viens de rapporter fur l'invention de la mufique en général, il eft certain qu'elle eft de l'antiquité la plus reculée. Elle fe perfectionna infenfiblement. Une connaiffance fervit à amener l'autre. Elle devint bientôt l'idole des hommes. Elle fut chérie dès le commencement du monde; & il eft à préfumer que l'amour exceffif qu'on reffent pour elle ne finira qu'à la ruine totale de l'Univers.

On ne faurait marquer dans quel lieu commença la mufique.

Il ferait difficile de marquer dans quelle partie du monde la mufique fut d'abord inventée. La Nature & l'inftinct fuffirent pour l'indiquer. On la trouve dans des contrées fauvages, où jamais les fciences ne pénétrèrent, & que de vaftes mers féparent depuis long-tems du commerce des hommes policés; preuve inconteftable que la découverte de cet art n'eft point le fruit de l'étude; mais l'ouvrage du hazard.

Les Grecs fe vantent d'en être les inventeurs, felon leur coutume de fe glorifier de tout ce qui peut faire honneur

à l'esprit humain. Lorsqu'ils soutiennent
que *Mercure* en fut l'Auteur, ils se trahis-
sent sans y penser ; car le véritable *Mercure*
vivait en Egypte, où une grande partie
des sciences fleurissait lorsque Athènes était
à peine bâtie. Ils se rabattent sur *Cadmus* ;
mais comme ce Héros venait de Phénicie,
il s'ensuit que les Phéniciens ont connu
la musique avant eux. Enfin les Grecs
ont jetté tant d'obscurité sur les inventeurs de leur musique, qu'on voit bien
qu'ils cherchent à cacher les obligations
qu'ils ont à leurs voisins.

Les Hébreux veulent aussi passer pour
être les prémiers qui ayent fait usage de
la musique. Est-il difficile de s'apperçe-
voir que l'Egypte, qui les instruisit de
tant de choses, leur fit connaître cet art
agréable ? Cependant *Enoch* qui passe pour
être le prémier qui ait écrit des Livres,
est regardé parmi les Juifs comme l'Auteur de la musique vocale ; & ils soutiennent que *Jubal*, fils de *Lamech*, inventa celle qui employe les instrumens,
environ l'an 230 du monde. (25) Il est
certain que la musique était très-usitée
chez les Hébreux ; ils fesaient même des

---

(25) Voyez la Genese, Chap. 4. Verset 21.

chanfons , puifque David s'en plaint ;
« ils font des chanfons contre moi qu'ils
» chantent en buvant», dit ce grand Roi.
On eft étonné lorfqu'on lit le détail des
inftrumens d'airain, d'argent & d'or qu'on
gardait dans le Temple pour les grandes
cérémonies.

Athènes perfectionna en partie la Mufique.

Les Grecs recevaient les Sciences à
demi-ébauchées , & les poliffaient bientôt ; la mufique eut le même fort. Athènes , le féjour des arts & des plaifirs , fut
celui de fes progrès & de fon triomphe.
Les autres villes de la Grèce étaient trop
peu de chofe pour lui faire un accueil
auffi long & auffi flatteur. Sparte feule
pouvait être digne de l'attirer ; les Loix
trop rigides de Licurgue, & les mœurs
fauvages de fes habitans, l'en éloignèrent
toujours , ou l'empêchèrent d'atteindre à
la perfection où la portèrent les Athèniens. On inftitua par la fuite en
Grèce des prix pour le plus fameux
Muficiens ; ce fut, je crois, dans les jeux
Ifthimiques. Ai-je befoin d'avertir que la
mufique floriffait en Grèce bien avant
l'ufage des Spectacles , puifque la Tragé-

die ne fut long-tems compofée que de Chœurs, c'eſt-à-dire, de récits en chant. Un certain *Terpandre* la rendit plus difficile en l'enrichiſſant de nouveaux ſons.

Sentiment ſingulier de *Pythagore*.

Pythagore qui vint après ce Terpandre, avança un ſiſtême bien bizarre & bien étonnant. Il prétendit que le mouvement des ſept planettes était mélodieux ; c'eſt-à-dire, qu'étant chacune d'une groſſeur différente, le bruit qu'elles font en roulant dans leur tourbillon, rend un ſon proportionné à la maſſe du corps dont il part, & qui doit ſe faire entendre plus ou moins fort, ſelon qu'il eſt près ou éloigné. S'il fallait croire ce Philoſophe, Dieu ſerait donc l'inventeur de la muſique, il l'aurait créée en même-tems que les cieux : cependant tout ridicule, tout abſurde qu'eſt ſon ſiſtême, il n'a pas laiſſé de trouver un nombre infini de Partiſans. Un Auteur moderne a fait une longue diſſertation à ce ſujet. On a pouſſé l'extravagance juſques à noter les ſons de cette bizarre harmonie. Le grave Pythagore, pour mieux faire valoir ſon ſiſtême, inventa un inſtrument à ſept cordes, dont les ſons imitaient,

taient, selon lui, le bruit harmonieux
que font les planettes en se mouvant.

Ce qui arrêta en Grèce les progrès de la Musique.

La musique ne put faire chez les Grecs
de grands progrès, parce qu'ils se mirent
dans la tête une singulière idée. Ce Peuple tout guerrier, tout savant qu'il était,
se livrait à mille préjugés, à mille ridicules, il s'avisa tout-à coup de se persuader que les règles de la musique, une
fois établies, ne devaient plus être chan-
gées. Son harmonie lui parut l'image du
bon ordre de l'état ; il crut qu'en la
conservant toujours telle qu'elle était,
on conserverait toujours l'ordre & la po-
lice dont il était si jaloux. Cette idée
ridicule le conduisit à ne souffrir aucune
innovation dans la musique. L'Artiste assez
hardi pour l'enrichir de nouveaux Tons,
pour retrancher ou ajouter des cordes à
quelque instrument, était traité d'impie,
de criminel d'Etat, & puni souvent comme tel. En un mot, les Grecs fesaient
de la musique, telle qu'ils la possédaient,
une affaire de religion & de politique ;
il était défendu sous des peines expresses

TOME II.   G

d'oser y toucher, fût-ce même pour la rendre plus parfaite. On sent bien que c'était l'empêcher de s'embellir par de nouveaux ornemens; aussi resta-t-elle toujours dans une certaine langueur: ils la croyaient, sans doute, arrivée au dernier point de sa perfection.

Que la Musique instrumentale des Anciens ne valait pas la nôtre.

Je ne puis me résoudre à penser que la musique instrumentale des Anciens ait eu la délicatesse, les charmes, la force de la nôtre. On aurait tort d'ajouter foi aux merveilles qu'ils nous en racontent. L'exagération est trop visible pour qu'un homme de bon sens se laisse surprendre. Pourquoi si leur musique avait opéré de tels prodiges, ne ferait-elle plus le même éffet à présent? Mettaient-ils autant d'art que nous dans leur composition, & dans leurs simphonies? Pouvaient-ils avoir des Musiciens plus habiles que nos Lulli, que nos Rameau? On ne saurait douter que la plus-part de leurs instruments n'étaient point aussi parfaits que ceux dont nous nous servons; il est donc clair que tout ce qu'ils ont dit se réduit à peu de chose, ou que leurs organes étaient plus déliés, & leurs sens plus faciles à émouvoir. Il faut pourtant convenir que si nous les surpaffons, leur trop grand amour & leur profond respect pour la musique, en sont les seules causes. S'ils avaient accordé à leurs Artistes les libertés que les nôtres ont le droit de prendre, le chant & l'harmonie auraient atteint chez eux l'énergie & la force, le tendre & l'agréable, auxquels ils sont arrivés de nos jours.

Les Grecs ouvrirent peut-être les yeux, & connurent enfin leur erreur au sujet d'un Art dont ils arrêtaient les progrès. Mais ils s'éclairèrent trop-tard. Ils tombèrent sous la domination des Romains, & ne furent plus qu'un Peuple d'esclaves.

Histoire de la Musique chez les Latins.

Il ne faut pas croire que les Romains ne connurent la Musique qu'après avoir conquis la Grèce. Dès l'an 1415 de la fondation de Rome, elle y fut établie avec assez d'éclat sous le Consulat de *Sulpicius Peticus*; les jeux *Sceniques* en furent la principale cause. Les Romains

crurent en les inſtituant, calmer le cou-
roux des Dieux, & faire ceſſer une terrible peſte qui ravageait leur Ville. Il
paraît même que la muſique était depuis
long-tems en uſage dans toute l'Italie,
puiſqu'on fit venir alors des joueurs d'inſtrumens de Toſcane & de Naples. Rome
ne fit pas tant de cas de la muſique qu'A-
thènes, ſoit que ſes habitans fuſſent plus
barbares & moins polis que les Grecs,
ſoit qu'ils ne fuſſent pas ſi ſuſceptibles
de ſe laiſſer ſurprendre par des ſons. Ils
lui donnèrent bien une place diſtinguée
dans les cérémonies de la Religion, &
dans leurs divertiſſemens particuliers,
mais ils ne la regardèrent jamais comme
une invention Divine, de laquelle dépen-
daient la gloire & le ſalut de l'Etat. (29)

Les Romains furent ſubjugués à leur
tour ; ce qui dut les accabler davantage,
c'eſt qu'ils furent vaincus par un Peuple
barbare qu'ils mépriſaient. La muſique

----

(29) » Il paraît que le chant reſta toujours rude
» & groſſier chez les Romains. Ce qu'ils chantaient
» aux nôces, était plutôt des clameurs que des chan-
» ſons, & il n'eſt guères à préſumer que les chan-
» ſons ſatyriques des ſoldats, aux triomphes de
» leurs Généraux, euſſent une mélodie fort agréa-
» ble ». J. J. Rouſſeau. Dict. de Muſique.

presque dédaignée dans la capitale du monde, se vit accueillie par les Peuples féroces de l'Europe.

Ce qu'était la Musique parmi les Gaulois, & dans les prémiers tems de la Monarchie Française.

Il ne faut pourtant pas s'imaginer que les Gaulois ne la connurent qu'après la destruction des Romains. Bardus, leur Roi, (30) établit l'an 2140. du monde une école de musique, dont il confia la direction à une secte de Philosophes qui étaient tout à la fois Poètes & Musiciens; il les tira du fameux Collége des Druides. On donna, dans la suite, à ces Philosophes le nom de *Bardes* à cause de Bardus leur Roi & leur instituteur. Voilà la musique répandue chez les Gaulois dans un tems où ils ignoraient tous les Arts, & lorsqu'ils étaient plongés dans la plus grande barbarie. Les conquêtes des Romains ne lui firent rien perdre. Strabon (31) nous apprend qu'Auguste établit à Lion

____

(30) *Bardus* était le cinquième Roi ou Chef des Gaulois. Voyez Diodore de Sicile.

(31) Liv. 5.

une Académie *des Arts & des Sciences*. Cette Académie fut augmentée par Caligula de tout ce qui avait rapport à la musique. Mais voici des choses encore plus singulières concernant cette ancienne Académie; elle gratifiait de divers prix ceux qui se distinguoient dans les Sciences. Si quelque mal-adroit osait prétendre aux couronnes qu'elle distribuait, & qu'il fut jugé vaincu, il était condamné au fouet, à la férule, ou bien à être plongé dans la rivière. La punition la plus ordinaire à laquelle on condamnait les sots Auteurs de ce tems-là, était de les contraindre d'effacer avec la langue leurs mauvais Ouvrages. Il me paraît que cette société de Savans ne rendit point beaucoup de services à la musique. Cet Art resta long-tems enseveli dans l'obscurité. Les longues guerres que les Gaulois eurent à soutenir, & l'invasion des Francs, & surtout des Romains, arrêterent peut-être ses progrès. On s'apperçoit que cet Art ne devait pas être grand chose sous la première race de nos Rois, puisque dans le traité de paix que fit Clovis avec Théodoric, Roi des Ostrogots d'Italie, l'an 500 de Jésus-Christ, on mit un Article exprès par lequel ce dernier s'o-

bligeait d'envoyer en France un éxcellent
joueur de guitare.

A qui l'on est redevable des progrès de la Musique en France.

La musique resta, pour ainsi dire, dans
cet état d'anéantissement jusques au siécle
de Louis XIV. Le Poëte Baïf est le prémier qui se soit avisé en France d'avoir
un concert. Il en établit un dans sa maison, Fauxbourg saint Marcel, sous le
règne de Charles IX, vers l'an 1567. Ce
Poëte était riche, contre l'ordinaire des
gens de Lettres; il se plaisait à dépenser
son bien en grand Seigneur. C'est aux
concerts de Baïf qu'on a obligation du
prodigieux succès de notre musique : que
Messieurs les Musiciens osent encore dédaigner les Poëtes. St. Ambroise & le
Pape Damase qui établirent la musique
dans les Eglises l'an 373, contribuèrent
aussi à lui donner la vogue.

Elle n'était pas autrefois ce qu'elle est à présent.

Je dois avertir que dans les prémiers
tems de son origine elle était bien diffé-

rente de ce qu'elle eſt maintenant. Elle n'était compoſée autrefois que d'un chant ſimple, ſans Intonations, & dénué de l'accord de divers tons. L'on préſume que le chant à deux parties nous vient des Italiens. Il y a pourtant toute apparence que les Grecs l'ont connus, puiſque leurs Pièces étaient entre-mêlées de chœurs, & qu'un chœur eſt compoſé de pluſieurs parties (33) ; mais la manière dont ils les arrangeaient n'eſt point venue juſques à nous.

Multiplicité de ſes caractères chez les Anciens.

La muſique n'était point jadis facile à apprendre. Les Anciens employaient pour notes les vingt-quatre lettres de l'alphabet Grec, auxquelles ils feſaient prendre pluſieurs formes ; les diverſes figures qu'ils leur donnaient, feſaient en tout cent vingt-cinq caractères différens ; ce nombre ſe multipliait encore conſidérable-

---

(33) Voyez les Remarques du cinquième Livre de l'*Ane d'Or* d'Apulée ; l'Auteur eſt entré dans de fort grands détails ſur la muſique des Anciens, de laquelle je ne parle qu'en abrégé.

ment dans la pratique : de forte que la mufique était alors véritablement une fcience, & une fcience fort embrouillée.

Un Moine la fimplifie.

La manière de l'écrire eft aujourd'hui fort fimplifiée, par le moyen des fix fameufes fillabes que Gui d'Arétin ou Darezzo fubftitua aux noms multipliés & embarraffans que les Anciens donnaient aux marques dont leur mufique était furchargée. Gui, était natif d'Arezzo dans la Tofcane, & Bénédictin du Monaftère de notre Dame de Pompofe, dans le duché de Ferrare ; il vivait vers l'an 1024. Il eft auffi l'inventeur de plufieurs inftrumens, tels que le claveffin, l'épinette, la vielle, &c. Ce Moine trouva, dit-on, les fillabes qui l'ont rendu fi célèbre, en chantant l'Hymne de St. Jean-Baptifte, où elles fe rencontrent en effet. Je vais rapporter cette Pièce curieufe, à laquelle on a tant d'obligations :

Ut *queant laxis* Refonare *fibris,*

Mira *geftorum* Famuli *tuorum,*

Solve *polluti* Labii *reatum*

Sancte Joannes.

G v

Un nommé le Maire, Musicien du dernier siècle, ajouta le *Si*. Mais comme les notes, ou points, inventés par Gui d'Arezzo, étaient tous semblables, & qu'ils ne marquaient pas la durée qu'ils devaient avoir; Jean de Muris, Docteur & Chanoine de Paris, trouva le moyen vers l'an 1335, de la leur faire exprimer par les différentes figures qu'il leur donna. C'est ainsi que la musique se perfectionna par des progrès insensibles. Toutes les Nations de l'Europe & tous les siècles concoururent à la rendre parfaite.

Les Peuples de l'Europe sont les seuls qui sachent écrire leur musique. Les Chinois & les Arabes, qui, de toutes les Nations étrangères, ont le plus cultivé les Lettres, n'ont aucuns *caractères* ou *notes*. Les Persans se contentent de donner des noms de villes de leur pays ou des parties du corps humain, aux quarante-huit sons de leur musique; de manière qu'ils indiquent tout de suite un Ton ou un Air, en disant, *allez de cette ville à celle-là*, ou, *allez du doigt au coude*. (33)

J'ai raconté en peu de mots les diverses révolutions qu'essuya un Art qui nous

____

(33) Dictionnaire de Musique.

est si cher ; le Lecteur a vu d'un coup
d'œil ce qu'il devint en Gréce, en Italie,
& chez les Gaulois ; il ne me reste plus,
pour achever d'en tracer l'histoire, que de
rapporter tout ce qu'on en a dit d'avanta-
geux, & l'estime singulière qu'en avaient
conçus les Anciens.

Profond respect que les Grecs avaient pour la Musique.

Aucun Peuple n'a poussé plus loin que
les Grecs cette vénération outrée. Ils ne
savaient de quelle espèce de louanges
combler la musique ; lorsqu'il fallait en
parler, les èxpressions sublimes & relevées leur manquaient ; ils n'avaient point
assez de superlatifs ni d'hiperboles. Leurs
Sages mêmes qu'ils écoutaient comme des
Oracles, l'élevaient jusques aux nues. Les
Platoniciens & les Pythagoriciens ont prétendu que c'était faire tort à la musique
de lui donner le nom d'Art & de Science,
& qu'il était impossible de trouver des
termes dignes de la désigner. Cependant
comme les langues sont proportionnées
à la faiblesse humaine, Platon & quelques Anciens se sont contentés de l'appeller une Encyclopédie, un cercle de

science. Les Grecs croyaient fermement qu'elle inspirait toutes les vertus civiles & morales. Elle était regardée comme une partie essentielle de l'éducation. Le fameux Epaminondas, ce Guerrier qui sauva sa Patrie, & la fit aller de pair, avec les plus célèbres ville de la Grèce, ayant dans un festin refusé de pincer d'une lyre qu'on lui présenta, se fit regarder de très-mauvais œil par tous les convives, & donna lieu de soupçonner qu'il avait été mal élevé. On fit un sujet de reproche au grand Thémistocle de n'avoir point appris à jouer des instrumens. « Parmi » les Grecs, dit Cicéron, l'on ne passait » point pour Savant à moins qu'on ne sût » chanter. »

L'amour que les Grecs avaient pour la musique les conduisit à enrichir ceux qui en fesaient une profession particulière. Ils ne se fesaient aucun scrupule de les élever aux emplois les plus considérables. Isménias, simple joueur de flûte, fut envoyé Ambassadeur en Perse.

Louanges que les Grecs prodiguaient à la Musique.

Ecoutons ce singulier raisonnement du divin Platon, il prouve que je n'ai point tort de prétendre qu'ils la regardaient comme l'unique fource de la fageffe & du maintien du bon ordre : « Toute nouveauté introduite dans le » chant, eft fuivie d'un changement dans » l'Etat, & l'on ne faurait toucher aux » loix de la mufique fans toucher aux » loix du Gouvernement » : ceci eft-il formel ? (34) Mais ce n'eft encore rien. Lycurgue, ce fameux Légiflateur, croyait que la mufique infpirait la valeur & la fageffe ; il me femble pourtant qu'elle n'était point trop floriffante à Lacédémone. Longin était du même avis que Lycurgue. Voici comme il s'exprime : « L'harmonie n'eft pas feulement un fim- » ple agrément que la Nature a mis dans » la voix de l'homme pour perfuader & » pour infpirer le plaifir : mais dans les » inftrumens, mêmes inanimés, c'eft un » moyen merveilleux pour infpirer le cou-

---

(34) Il paraît que le Parlement de Paris penfait autrefois comme Platon ; voici ce qu'on trouve dans le *Traité des ftatues*, par François Lemée, imprimé à Paris en 1688. c'eft l'Auteur qui parle : « Je me fou- » viens d'avoir lu que le Parlement de Paris défen- » dit autrefois à certains Muficiens d'enfeigner, par » ce qu'ils avaient trouvé une nouvelle façon d'har- » monie, qui n'était ni cromatique, ni diatonique ». Chap. 5. page 116.

» rage & pour émouvoir les paſſions ».
Polybe (35) dit, que les Peuples d'Arcadie
n'étaient doux, humains, n'aimaient la
Religion & toutes les Vertus, que parce
qu'ils aimaient la muſique : il ſoutient encore, que les Peuples de Cynèthe ne ſe
portèrent à toutes ſortes de crimes, que
parce qu'ils renoncèrent à la muſique
qu'ils avaient chérie autrefois. Socrate
& Pythagore nous èxhortent à l'apprendre pendant notre jeuneſſe pour nous
ſervir de correctif contre les paſſions.
Denis d'Halicarnaſſe dit qu'elle eſt
très-utile au gouvernement politique, &
indiſpenſable à un Prince ; il ajoute enſuite, qu'on ne peut entendre la République de Platon ſans ſavoir la muſique.
Timagène & Quintilien prétendent qu'elle
eſt agréable aux eſſences immortelles.
Les Argiens l'eſtimaient tant, qu'ils établirent une peine contre ceux qui en par-
leraient- mal.

Sentiment de Corneille-Agrippa & de pluſieurs Auteurs Anciens & Modernes, au ſujet de la Muſique.

Corneille-Agrippa fait auſſi l'éloge de la

___

(35) Liv. 4.

musique. Cet Auteur raconte d'après
Homère; (36) « qu'Agamemnon, en par-
» tant pour la guerre de Troyes, laissa en
» sa maison, près sa femme Clitemnes-
» tre, un Musicien Dorien, afin que par
» son chant & mélodie, elle se maintint
» en modestie, & eut soin de conserver sa
» pudicité : Egiste, qui la corrompit, n'en
» fut oncques jouir sinon après qu'il eût
» malheureusement tué ce Musicien». (37)

Les Auteurs Chrétiens ne l'ont pas
louée avec avec moins d'enthousiasme.
St. Augustin assure qu'elle est un présent
du Ciel. St. Thomas affirme avec ce Docteur de l'Eglise, qu'elle peut élever nos
esprits à la contemplation des choses cé-
lestes. Shakespéar, si j'ose le mettre à
côté des Pères de l'Eglise, fait souvent
l'éloge de la musique dans ses Ouvrages;
il dit entre-autres choses, que celui qui
n'aimerait pas la musique serait capable
de toutes sortes de crimes. Et l'illustre
Montesquieu, dont la France se glorifiera
toujours, n'a pas craint, dans un endroit

---

(36) Liv. 4. de l'Illiade.
(37) De l'abus & de la vanité des sciences, ancienne traduction.

de l'*Esprit des Loix*, de parler de la musique avec enthousiasme, & de l'élever au-dessus de toutes les sciences. On lit dans une Histoire de la musique qui paraît depuis 1767, que Dieu avait sûrement appris la musique à Salomon.

On a bien senti le ridicule de tant de louanges outrées ; aussi pour en éffacer une partie, les défenseurs de la musique veulent nous faire croire que les Anciens donnaient au terme *musique* une signification bien plus étendue que celle des Modernes : par ce seul mot, nous disent-ils, les Grecs désignaient toutes les sciences en général. Mais les éxemples que j'ai cités, & divers autres passages qu'on peut trouver dans les Auteurs, nous font voir formellement que les Anciens entendaient le plus souvent par musique la science des sons & du chant : lorsque ce terme éxprimait toutes les sciences, il perdait sa signification ordinaire, & n'était employé qu'au figuré ; comme nous disons que l'*harmonie* règne dans l'Univers, pour marquer l'arrangement qu'on y admire.

Nous avons vu des Discours, des Ecrits ; voyons maintenant des faits.

Faits tirés de l'Histoire, qui prouvent l'estime qu'on fesait autrefois de la Musique.

Les plus Grands Rois de l'antiquité en ont fait leurs délices. Le saint Roi David ne marchait guères sans sa harpe. Alexandre, après ses conquêtes, voulut à toute force apprendre à jouer de je ne sais quel instrument. Le Sage Socrate voulut, dans un âge avancé, s'instruire à fond de la musique. La plus-part des Empereurs Romains se piquaient d'être Musiciens ; ils chantaient en Public, & tiraient autant de vanité des applaudissemens qu'ils recevaient alors, que des honneurs du triomphe. Néron voulut bien s'assujettir à suivre certain régime, afin de se conserver toujours la voix fléxible & belle. Je vais rapporter ici son secret & celui que nous apprennent de célèbres descendans d'Hypocrate, persuadé que les Musiciens du siècle en feront usage, & qu'ils m'en auront obligation. Néron mangeait fort souvent sans pain des salades de porreaux à l'huile, il s'appliquait à nud sur l'estomac une plaque de plomb, afin de se le fortifier, selon les préceptes de Terpus. (38) Des Médecins modernes recommandent aux Muficiens qui ont befoin d'avoir une belle voix, de boire fouvent une décoction de chou rouge avec des raifins fecs, pour fe guérir de l'enrouement, & pour s'en garantir.

Quelques-uns de nos Rois & des grands Seigneurs de France fe font auffi piqués d'être Muficiens. Le Roi Dagobert aimait tellement la mufique, qu'entrant dans l'Abbaye de Romilly pour affifter aux Vêpres, il fut fi enchanté de la voix d'une Religieufe, qu'il en devint paffionnément amoureux. Il voulut abfolument la voir; il la trouva fi belle & fi bonne Muficienne, qu'il répudia fa femme, & époufa publiquement la charmante Religieufe, qui foutint à merveille fon perfonnage de Reine. Louis XII a, dit on, compofé un petit Livre d'airs légers. On trouve dans la *Mufurgie* de Kircher un air noté de la compofition de Louis XIII, & un autre de l'Empereur Léopold : ce dernier Prince compofait fur-tout avec plaifir des morceaux de mufique qu'on

---

(37) Voyez un Ouvrage intitulé, Hiftoire de la Mufique & de fes effets, qui m'a beaucoup fervi dans ce Chapitre.

appelle *Canon*. Philippe-Julien, Duc de Nevers, neveu du Cardinal Mazarin, a mis en chansons un Abrégé *de l'Histoire de France*, qui commence à la troisième race.

La musique est si agréable, que plusieurs personnes ont voulu mourir aux sons d'un grand nombre d'instrumens, telles qu'Elisabeth, Reine d'Angleterre; & cette Demoiselle, dont parle Brantôme, qui fit venir son Valet-de-Chambre, & lui ordonna de *sonner* sur son violon certain air qu'elle aimait beaucoup, jusqu'à ce qu'il la vit trépassée.

Effets singuliers que les Anciens attribuaient à la Musique.

Les effets que les Anciens attribuaient à la musique, la leur rendaient aussi recommandable que ses beautés particulières. Timothée, le même qui fut mis à l'amende par les Lacédémoniens, pour avoir ajouté une corde à la lyre, joua un jour à Alexandre, dans le tems qu'il était à table, un air *Phrigien* sur sa flûte: ce Prince en fut si transporté, que mettant le sabre à la main, il se leva tout-à-coup pour aller combattre; sa fureur ne fe calma que lorfqu'on lui eut joué un air *fous-Phrigien*. Sapho fe fervait de la mufique pour attendrir une certaine Damophile qu'elle aimait. Dès que fon amie entendait les fons de fa lyre, un trouble involontaire s'emparait de fes fens, elle perdait l'ufage de la voix, & reftait pendant très-long-tems fans connaiffance. La trop tendre Sapho aurait bien dû fe fervir de ce moyen pour adoucir la rigueur du jeune Phaon, plutôt de fe précipiter de défefpoir dans la mer : fans doute que l'ingrat qu'elle adorait, n'aimait pas la mufique.

Elle ne trouble plus fi violemment les Peuples modernes.

Les Nations modernes font moins fufceptibles de fe livrer aux mouvemens qu'éxcitait autrefois la mufique. On écoute avec plaifir telle *fonnate*, telle fimphonie, & c'eft le feul fentiment qu'on éprouve avec force. On raconte pourtant (39) que fous le règne de Henri III, un fameux Muficien nommé Claudin, mit tellement en fureur un jeune Seigneur de

____

(39) D'Aubigny, dans fon Hiftoire de France.

la Cour en lui jouant un air Phrigien,
que sans respecter la présence du Roi,
il tira son épée & voulait *occire* tout le
monde. On raconte aussi que Henri IV,
Roi de Dannemarck, voulut éprouver si
un Musicien de sa Cour troublait les sens
de ceux qui l'entendaient jouer de quelque instrument. Ce Prince se répentit de
sa curiosité. Il entra dans une si grande
fureur, qu'il tua à coups de poings plusieurs de ses Courtisans. Heureusement
qu'on n'est plus sujet de nos jours à de
pareils transports. Eh, que serait-ce de
nous, si la musique rendait véritablement
digne des petites maisons?

La Musique a converti des Payens.

Je trouve encore qu'on lui est redeva-
ble de la conversion d'un nombre prodigieux de Payens & d'Hérétiques. Dès
qu'elle fut reçue dans les Eglises, elle
attirait une foule de Gentils, qui venaient
satisfaire leur curiosité, & charmer leurs
oreilles de ses sons harmonieux. Elle les
touchait par dégrés, & les ébranlait à
un tel point, qu'ils demandaient aussi-tôt
le Baptême. La Religion a malheureusement encore besoin de son secours. Les

Eglifes où l'on trouve de meilleure muſique, ſont les plus fréquentées.

Les Anciens la croyaient éfficace
pour diverſes maladies : quelques
modernes ſont du même ſentiment.

Une choſe ſingulière dont on ne ſe
ſerait jamais douté, c'eſt que la muſique
eſt un remède ſouverain à bien des maux;
ſi nous nous en croyons les Grecs, elle
eſt plus éfficace que tous les ſecrets de
la Pharmacie. La Faculté n'eſt qu'une
ignorante au prix d'elle. Les maladies les
plus incurables, celles qui étonnent les
Galiens & les Eſculapes de nos jours,
ſont contraintes de lui céder. Thalès de
Milet, un des ſept Sages, guérit par le
ſon d'un inſtrument les Lacédémoniens
d'une maladie peſtilentielle. Boëce dit
qu'Arion, le même apparemment qu'un
Dauphin porta ſur ſon dos, ſoulagea
beaucoup d'Ioniens & de Lesbiens d'une
maladie populaire, par les éffets de la
muſique. Elle guérit, ſelon Théophraſte,
la ſiatique, la morſure des vipères &
la phrénéſie. Pithagore compoſait des
chants & des airs pour appaiſer les paſſions violentes qui troublent les ſens,

comme un Médecin compose une potion cordiale pour la guérison d'un malade. Elle pourrait détruire la Pierre, dont l'opération est si dangereuse, puisqu'on prétend qu'il y a des gens qui ne sauraient entendre le son de certains instrumens, sans ressentir une violente envie d'uriner. Le grand Scaliger rapporte sérieusement, qu'un pauvre aveugle, en râclant un misérable violon, contraignait un Gentil-Homme qui était à table en grand'compagnie à *expulser le superflu de la boisson*. Divers exemples assurent que la musique chasse la catalepsie, la fiévre double, tierce & quatre, & qu'elle dissipe la folie. On lit dans l'Histoire de l'Académie des Sciences, année 1707, page 7, & 1708, p. 22, qu'un Musicien fut guéri d'une violente fiévre, par quelques concerts qu'on fit dans sa chambre.

La Musique était utile aux Prophètes.

Elle possède un avantage encore plus précieux que tous ceux que je viens de citer. Elle remplit de cet esprit divin qui fait prophétiser; du moins les Prophètes demandaient son secours afin de mieux entrer en enthousiasme. Elisée désirait un bon joueur de luth, pour prophétiser avec plus d'ardeur. Il ne put rien annoncer au Roi de Syrie Asael, qu'après avoir joué du Psaltérion.

Elle charmait les animaux, & les choses inanimées.

Les Grecs soutenaient que la musique est même utile aux animaux, & qu'elle agit jusques sur les choses inanimées; ils en trouvaient la preuve dans les merveilles qu'opérèrent Amphion & Orphée. Enfin il n'est sorte d'avantage dont ils ne la crussent pourvue. Il est vrai que nous n'en voyons rien; mais faut-il donner le démenti à un Peuple nombreux, parmi lequel on compte sept sages?

Elle guérit au moins de la Tarentule.

Tout ce que nous appercevons, & dont nous sommes certains, c'est que la musique est un remède assuré contre la piquure d'une grosse araignée, appellée la Tarentule; le bruit des instrumens excite à la danse, & dans les mouvemens que

l'on

l'on se donne, on est enfin délivré du venin de l'araignée par la transpiration. Il serait à souhaiter que les autres cures de la musique fussent aussi prouvées que celle-là. Qu'on aimerait le Médecin, dont les ordonnances seraient conçues en ces termes; pour telle maladie, *recipe* une heure de musique !

Un peu de vanité pardonnable aux Musiciens.

Il serait étonnant que les éloges que les Anciens prodiguaient à la musique, & les honneurs dont nous la comblons; il serait, dis-je, surprenant que tant de choses flatteuses ne rendissent pas un peu vains ceux qui la pratiquent. Le moyen d'être humble & modeste en se consacrant à un art qui procure à ses favoris la protection des Grands, l'amitié de tout le monde, & une abondance fastueuse ! Tandis que l'homme de Lettres languit, souvent dans l'obscurité, & dans le besoin, l'heureux musicien est chéri, caressé; il reçoit tour-à-tour les faveurs des Grâces, & celles de Plutus. Qu'on dise la vérité; accueille-t-on un Auteur célèbre avec autant de plaisir & d'enthou-

fiafme, que l'Artifte, dont l'archet moel-
leux tire d'un violon des fons enchanteurs?
Il eft plus de gens capables de goûter les
talens d'un *virtuofe* en mufique, que ceux
d'un éxcellent Poète: pour entendre l'un,
il ne faut que des oreilles; au lieu que
le genre de l'autre veut parler à l'efprit.

Les Peuples modernes placent par- tout la Mufique.

Le plus grand nombre des Peuples de
l'Europe employe de nos jours la mufique
dans les principales circonftances de la vie;
elle embellit les grandes fêtes, les cérémonies de la Religion, les réjouiffances
publiques, & les pompes funèbres. Il
eft de la grandeur des Rois de l'appeller
à leur Cour, de l'y fixer à force de bien-
faits. Je citerai à ce fujet un trait fingu-
lier. Comme Louis IV. dit d'outre-mer,
Roi de France, fe moquait toujours de
Fouquet fecond, Comte d'Anjou, qui
aimait beaucoup la mufique; celui-ci eut
l'audace de lui écrire de la forte; « Sa-
» chez, Sire, qu'un Roi fans mufique eft
» un âne couronné ».

Si Pythagore la mit dans le Ciel en
prétendant que les planettes fe mouvaient

avec harmonie, les Chrétiens n'en font-
ils pas plus que ce Philofophe, en re-
préfentant les Anges & les Elus occupés
à chanter les louanges du Très Haut ?
Le Paradis eft, felon eux, le féjour d'une
mufique délicieufe. Les Séraphins & les
Dominations, font à leurs yeux d'habiles
chanteurs & d'éxcellens joueurs d'inftrumens.

Qu'on peut dire de la Mufique autant de mal que de bien.

Il ne faut pourtant pas s'imaginer qu'il
n'y ait que des louanges à donner à cet
Art que nous chériffons tant. Une pareille idée ferait tout-à-fait ridicule. On
a dit autant de mal que de bien de la
mufique. Il s'eft trouvé des Anciens qui
ont eu le courage de s'élever contre-elle.
De favans Modernes de différens Pays
ne l'ont pas non plus ménagée. J'ai mis
fous les yeux du lecteur tout ce qui
peut-être favorable à la mufique; je vais
rapporter avec la même impartialité tout
ce qui eft à fon défavantage.

Mépris qu'en avaient les Egyptiens.

Tandis que la Grèce l'adorait comme
la fource du bonheur & de la fageffe,

les Egyptiens ne la souffraient que parce qu'on la regardait comme une preuve de la grandeur & des richesses d'un état. Ils ne permettaient point que leurs jeunes gens s'appliquassent à l'apprendre. Ils soutenaient qu'elle amolissait la vertu & énervait le courage des hommes.

Elle est défendue chez les Turcs.

Les Egyptiens ne sont pas les seuls Peuples qui l'ont trouvée dangereuse. Elle est défendue chez les Turcs avec autant de rigueur que Mahomet proscrivit le vin; (40) c'est du moins ce qu'on lit dans un célèbre Voyageur. Quelques-uns prétendent que le faux Prophète des Musulmans ordonna lui-même de la bannir avec soin ; mais ils n'ont aucune preuve de ce qu'ils avancent. Ce qu'il y a de certain, c'est qu'elle est regardée à Constantinople comme un Art pernicieux. François I, nous dit-on, envoya à Soliman second plusieurs habiles Musiciens, croyant lui faire un présent fort agréable. Cet Empereur les ayant entendus, craignit qu'ils n'amolissent son courage, & ne causassent de grands désordres dans ses Etats ; il fit

---

(40) Voyage de Chardin.

brifer tous leurs inftrumens, les renvoya
fans délai, & défendit qu'aucun Muficien
pût s'établir jamais dans fon Empire. Si
cette Hiftoire était vraie, elle nous ap-
prendrait la raifon de cette efpèce d'an-
thipatie que les Mahométans ont contre
la mufique. Les Sultans font les feuls qui
ayent des Muficiens en titre ; mais le
nombre de ces Muficiens eft très peu
confidérable.

De Grands Hommes fe font élevés contre la Mufique.

Beaucoup d'Auteurs célèbres & de grands
Philofophes fe font récriés contre les
fuites fatales qu'elle entraîne après elle. Ils
ont foutenu avec force qu'elle corrom-
pait les mœurs, & caufait des défordres
infinis. Plutarque nous apprend qu'il faut
n'aimer la mufique qu'avec circonfpec-
tion, & qu'il eft dangereux de trop s'y
livrer. Rapportons fes propres paroles
dans le langage naïf d'Amiot : « Quand
» ce Muficien eût un peu ébranlé & fondé
» la Compagnie du feftin, & qu'il fentit
» que plufieurs étaient enclins à fon in-
» tention, & fe laiffaient mener pour le
» plaifir qu'ils prenaient à tout ce qu'il
» voulait leur fonner, & à toute diffo-

» lution qu'il voulait représenter ; alors
» se découvrant tout à l'ouvert, il nous
» fit voir clairement que la musique, à
» ceux qui en abusent impudemment
» à toutes heures, enivre plus que pour-
» rait faire toutes sortes de vins que l'on
» pourrait boire : car ceux qui étaient
» à table ne se contentèrent plus de crier
» à pleine tête & de frapper des mains
» l'une contre l'autre ; mais à la fin la
» plus-part d'iceux se levèrent de table &
» commencèrent à se tremousser de mou-
» vemens dèshonnêtes & indignes de gens
» d'honneur, mais qui convenaient aux
» Sons & Chansons qu'il leur sonnait ».

Un certain Ephore, Auteur Grec, cité
par l'Historien Polybe, affirme qu'elle ne
fut introduite que pour tromper & abu-
ser les esprits. Les gens sensés chez les
Grecs, (ainsi que le prouve particulièrement le passage de Plutarque que je viens
de citer,) trouvaient qu'une musique trop
tendre, trop éfféminée, était très-perni-
cieuse ; on ne pouvait même s'empêcher
de détester à Athènes un nommé Phrynis,
qui amolit, dit-on, la musique ancienne.
Un Philosophe Scyte, qui s'appellait, je
crois, Anacharsis, frère d'un Roi de la
Scytie, eut la curiosité de pénétrer dans

la Grèce. Solon, un des sept Sages, lui demandant s'il y avait des Muſiciens dans ſon Pays, il lui répondit, qu'il n'y avait pas même de vigne. Il voulait dire par-là, que l'un était auſſi nuiſible que l'autre; ou plutôt, il donnait à entendre, qu'un climat qui ne produiſait pas de vin, ne ſaurait être favorable à aucun Muſicien. Le Philoſophe Scyte, peut-être plus raiſonnable que les ſept Sages de la Grèce enſemble, conçut peu d'eſtime pour la Superbe Athènes, dont la renommée publiait tant de merveilles; il prédit aux Grecs, en retournant dans ſa patrie, que le luxe & la muſique cauſeraient un jour la ruine de leur République.

Plutarque rapporte qu'Iſménias, fameux joueur de flûte, le même peut-être qu'on nomma Ambaſſadeur de Perſe, fut fait priſonnier de guerre par Athan, roi des Scytes, & qu'il ſe mit auſſi-tôt à jouer de ſa flûte devant ce Prince, ſe flattant de ſe procurer un ſort heureux: le fameux Iſménias ſe trompa dans ſon attente. Le Roi Scyte lui ordonna de ſe taire, & s'écria, qu'il préférait le héniſſement de ſon cheval aux ſons de tous les inſtrumens des Grecs. On dira que je cite une Nation barbare. Je répondrai qu'Hé-

rodote ne nous la repréfente point fi
barbare , lorfqu'il nous apprend que les
Scytes furent les feuls qui ne voulurent
point reconnaître Bacchus , parce qu'ils
trouvaient que c'était une chofe ridicule
d'adorer un Dieu qui rendait les hommes infenfés & furieux. Et quand les Scytes n'auraient été que fiers & courageux ,
en demandait-on davantage des Peuples
de ce tems-là ? Les Romains avaient-ils
d'autres qualités lorfqu'ils commencèrent
à fe faire admirer de toute la terre ?

Corneille - Agrippa que j'ai déjà cité
plus haut , revient bien de quelques louanges dont il gratifie la mufique. On s'apperçoit à l'ardeur avec laquelle il s'éfforce de la décrier , qu'il eft pour le coup
véritablement perfuadé de ce qu'il écrit :
voici de quelle manière il la traîte. « La
» mufique eft des plus propres & chéries
» chambrières du vice. (Je fubftitue ici un
mot moins énergique , mais plus honnête.) « Avec la douce voix & le venin
» emmiellé des chants , fons & accords
» voluptueux de fes inftrumens , elle en-
» flamme la luxure & les défirs déréglés ,
» & ôte toute force & vertu à l'efprit ,
» & le corrompt en toute lafciveté &
» délices ; elle pervertit les bonnes mœurs,

» incite impétueusement les cupidités &
» affections dèshonnêtes ». Il ajoute ailleurs ; « Les femmes Thraciennes pour-
» suivirent Orphée , & lui avancèrent
» ses jours , d'autant que par ses mélo-
» dies il éfféminait vilainement leurs hom-
» mes ». Corneille-Agrippa n'est pas le
seul qui ait fait ce reproche au Chantre
divin de la Thrace.

Saint Augustin , à qui pourtant il est
échappé de louer la musique , se plaint
dans ses confessions de ce qu'elle avait
quelquefois trop enflammé ses sens. On
croit si peu aux éffets de la musique ,
qu'on s'est généralement moqué de ce
Martin Scriblerius , qui s'imaginait par les
sons de sa lyre appaiser deux Harangères , qui se battaient sous ses fenêtres. Je
n'ai garde de rapporter ce que plusieurs
Auteurs ont écrit contre ceux qui font
une profession particulière de la musique.
On m'accuserait de vouloir insulter les
Musiciens d'aprésent , que je me fais gloire
d'estimer , & qui réunissent , pour la plus-
part , les talens aux bonnes mœurs. Je
dirai seulement , que Diogène le cynique
se moquait des Musiciens de son tems ,
qui avaient , selon lui , plus soin d'accorder leurs instrumens que leurs passions.

Il est des gens qui ont une antipathie invincible pour la Musique.

Que dirons-nous en apprenant qu'il est des gens qui ont une antipathie invincible pour la musique ? de même que Jacques prémier, Roi d'Angleterre, ne voyait pas une épée nue sans tomber en défaillance, ainsi des personnes de mérite frémissent d'horreur & s'évanouissent bientôt, dès que leurs oreilles sont frappées du son de quelque instrument. La Motte le Vayer, dont les ouvrages sont si connus, ne pouvait entendre sans douleur les accords les plus délicieux ; ce que nous appellons harmonie était pour lui un supplice. M. Rousseau de Genève nous apprend même qu'il connaît une Dame de condition à Paris, qui ne peut entendre quelque musique que ce soit, sans être saisie d'un rire involontaire & convulsif (41).

Elle est utile à l'Amour.

La musique, dont on dit tant de bien & tant de mal, a toujours été d'un grand secours aux Amans ; c'est par elle que

---

(41) Dictionnaire de Musique.

l'amour triomphe souvent des rigueurs d'une belle. Les Italiens & les Espagnols n'ont pas tout-à-fait tort de passer la nuit sous les fenêtres de leurs belles, à chanter, aux sons de leur guittare, les charmes qu'ils adorent. Certain Auteur prétend avec raison, qu'il ne faut qu'une chanson amoureuse, chantée bien tendrement, pour faire impression dans le cœur d'une jeune personne. (42) Combien en est-il qui en ont fait la funeste èxpérience ? Dans l'instant que j'écris, plus d'une naïve beauté se laisse peut-être surprendre aux accens d'une voix agréable, & aux èxpressions voluptueuses de quelque ariette sentimentée. Les Dames se piquent de rendre la pareille; on ravit leur liberté par une Chanson délicate, elles nous la font perdre aussi par le même moyen. Elles apprènent les morceaux de musique qui sont le plus en réputation, dans lesquels respire davantage la tendresse : qui pourrait alors leur résister ! elles séduisent tous nos sens à la fois, & leurs yeux èspriment encore plus que leur bouche.

---

(42) Histoire de la Musique & de ses éffets, par Bonnet.

Les Dames ne doivent point trop s'y appliquer.

J'ôse pourtant conseiller aux Dames ; malgre tout l'avantage qu'elles en retirent, de ne se livrer qu'avec réserve à l'étude du chant. Mézerai a dit, qu'Anne de Boulen, femme de Henri VIII. savait trop bien chanter pour être sage. Cet Historien avait-il si grand tort de faire un tel jugement d'Anne de Boulen ? Il est désagréable de s'èxposer à de pareils soupçons. Il est vrai qu'on peut avoir une très-belle voix, & aimer la vertu. La musique n'est pas tout-à-fait incompatible avec la sagesse ; mais les dangers auxquels elle èxpose une jolie femme, doivent la lui faire craindre. Celle qui possède un organe flatteur, en tire bientôt vanité. Les applaudissemens qu'on lui prodigue la remplissent d'orgueil ; un amant s'apperçoit de son faible, loue avec enthousiasme, l'éloge séduit, & la tête tourne. D'ailleurs, à force de répéter des Chansons tendres, voluptueuses, le cœur s'enflamme, l'on est moins révoltée de s'entendre adresser des douceurs que l'on prononce tous les jours avec sentiment,

Il arrive souvent que la mourante sagesse d'une belle, jette le dernier soupir,
qu'elle ne croit encore que frédonner une
chanson.

Le siècle passé n'était pas si amateur de Musique.

L'Opéra-Sérieux doit être accusé, avec
assez de raison, d'avoir arrêté les progrès
de la musique Italienne. L'Abbé d'Aubignac, qui vivait du tems de Louis XIV,
s'exprime de la sorte : « les récits d'une
» pièce ne peuvent être variés que par la
» musique ; mais comme je n'ai pu ja-
» mais approuver cette pratique des Ita-
» liens, dans la créance que j'ai toujours
» eue que cela serait ennuyeux, j'espère
» que Paris en est autant persuadé main-
» tenant par l'expérience, que je l'étais
» par mon imagination ». Quel est l'Auteur qui de nos jours ôserait parler ainsi ?
d'Aubignac changerait bientôt d'avis, il
s'exprimerait d'une autre manière, s'il
vivait de nos jours. Si cet Ecrivain s'est
trompé, s'il lui est échappé une espèce
de *blasphème musical*, c'est à son siècle
qu'on doit s'en prendre. « On ne croyait
» pas, dit M. de Voltaire, que les Fran-

» çais pußent jamais ßoutenir trois heures
» de mußique ». Que les choßes ßont chan-
gées ! On ne croit pas maintenant que les
Français pußent vivre ßans mußique.

Pensée d'un Auteur moderne, au sujet du goût qu'on a pour la Musique.

Que dirions-nous ßi l'on nous appliquait cette maxime de M. Burette ? « Plus
» les Peuples ßont grofïiers, plus la mu-
» ßique fait d'éfiet ßur eux ; car ce n'eß
» pas en raißon de ßa perfection qu'elle
» agit, c'eß en proportion des organes
» qu'elle modifie ». La penßée de M. Burette eß frappante ; peut-être n'eß-elle
pas tout-à-fait juße : d'ailleurs, nous pouvons croire, pour nous conßoler, qu'elle
ne ße rapporte aucunement à nous.

Raißons qui m'ont engagé à critiquer la Mußique.

Il m'eß échappé de mal parler de la
mußique dans ce Chapitre ; je ßens qu'on
a lieu d'en être ßurpris. C'eß contredire
furieußement les louanges que j'ai éfiayé
de prodiguer à l'Opéra-Boufion : comment après m'être quelquefois tant éf-

forcé, ou férieufement ou par plaifanterie, à élever ce genre de Spectacle, ai-
je ôfé dédaigner un art à qui il doit toute
fa gloire? effayons de m'èxcufer. Mes
moyens de défenfe feront tous fimples.

Je ne hais point tant la mufique qu'on
pourrait fe l'imaginer. J'ai voulu feulement que le Lecteur fût inftruit du pour
& du contre. En fait de mufique, je
prefcris des bornes à mon eftime. Je la
regarde comme un fimple amufement,
qui cefferait d'être agréable, s'il était
trop réitéré.

Tout le monde s'imagine que le nouveau Théâtre ne ferait rien fans le fecours
de la mufique. En cherchant à diminuer
la trop bonne opinion que nous avons
de cet art célèbre, je rends au Spectacle moderne un fervice èffentiel; j'engage peut être le Public à faire ce rai-
fonnement : fi la mufique eft quelquefois
méprifable, le nouveau Théâtre nous plaît
donc parce qu'il poffède de vraies beautés. Voilà quelle eft l'idée que je m'applique à faire naître. Il eft vrai que j'ai
peut-être à craindre qu'on ne dife encore; puifque la mufique eft fi peu de
chofe, qu'eft-ce donc que notre Théâtre
favori?

CHAPITRE II.

De l'Opéra-férieux.

J'AI cru qu'il ferait utile que je parlâffe en particulier d'un Théâtre, rival dangereux de celui que toute la France applaudit; j'ai cru que je devais m'arrêter quelque tems fur un Spectacle merveilleux qui lutte avec fuccès contre l'Opéra-Bouffon; & dont les éfforts peuvent réuffir, parce qu'il fe fait toujours feconder de la mufique : il eft aifé de comprendre que je défigne l'Opéra-Sérieux. Il me femble qu'on trouvera naturellement placé dans ce fixième Livre, ce qui concerne un Théâtre dont la mufique eft la principale partie.

Il eft peu de traité particulier fur les règles de notre Opéra-Sérieux. On nous a appris fon hiftoire, mais on n'a prefque rien dit de détaillé au fujet de fon genre, & des règles dont il eft fufceptible. (42)

____

(42) On trouve dans le Dictionnaire de Mufique, par J. J. Roufleau, qui paraît depuis quelques mois,

Après avoir parlé du théâtre lyrique en général, arrêtons nous à examiner l'Opéra-Sérieux des Français; jettons un coup d'œil sur les règles qui lui sont propres, & sur celles que doivent adopter tous les Peuples qui connaissent ce genre de Spectacle : observons tout-à-la-fois ce qui concerne notre Opéra & celui de nos voisins. Je me flatte que la matière que je vais traiter avec exactitude, répandra sur mon Ouvrage un nouvel agrément, & une utilité plus étendue.

Ancienneté & origine de ce Spectacle.

L'Opéra-Sérieux est le plus ancien Spectacle du monde. Il dévança de long-tems la Comédie & la Tragédie; il suivit de près la Pastorale; ou pour mieux dire, il se montrait déjà avec un certain éclat, tandis que le genre des Aristophane & & des Sophocle était encore faible & languissant. Rien ne doit moins nous

des observations très-curieuses sur le genre & les règles des Poèmes de l'Opéra-Sérieux; mais il faut parcourir un grand nombre d'Articles avant de les rencontrer.

étonner que de voir la musique perfectionnée plutôt que les autres arts ; elle ne demandait pas tant d'expérience & de délicatesse. Les Grecs ne sont point encore les inventeurs de ce genre brillant de Spectacle ; ils sont même privé de la gloire de l'avoir perfectionné, parce qu'ils le négligèrent sans doute, en faveur d'une espèce différente de pièces qu'il leur fit découvrir. Ils en durent la connaissance aux Egiptiens, ainsi que celle de bien des Arts qu'ils ôsèrent s'approprier, & que les Auteurs leur ont trop légèrement accordée.

Il est facile de sentir ce qui fait remonter si haut l'origine de l'Opéra-Sérieux. La musique dès son institution fut consacrée à servir dans les Temples des Dieux ; une foule de Prêtres célébrait apparemment en chœur le Dieu qu'on adorait : voilà ce qui fit naître la prémière idée du grand Opéra chez les anciens. Lorsqu'on aura voulu établir des fêtes prophanes, ce qui se passait dans les Temples aura conduit naturellement à composer un genre de Spectacle dans lequel des troupes d'hommes chantaient ensemble. Les Egyptiens sont peut-être les Peuples qui s'y appliquèrent les pré-

miers & avec le plus de succès. Les
Athèniens, jaloux d'imiter les Tragédies
d'Egypte, qui confistaient en des chœurs
de mufique très nombreux, & en plufieurs troupes de Danfeurs, établirent
dans leur Ville de pareils Spectacles,
environ l'an 320 du monde. Ce ne fut
que quatre cens ans après qu'ils prirent
une nouvelle forme, par les foins de
Thefpis ou d'Efchyle, qui jettèrent dans
les chœurs un Perfonnage récitant. Un
fi long intervale me fait préfumer que
l'Opéra-Sérieux produifit dans Athènes
des Drames d'une efpèce différente de
ceux qui font parvenus jufques à nous;
mais que le tems nous a ravis. On pourrait bien avoir tort d'attribuer fa récep-
tion en Grèce à l'envie qu'eurent ces
Peuples d'imiter les amufemens des Egiptiens : je penfe qu'ils l'accueillirent plutôt avec le culte des Dieux étrangers,
afin de les honorer à la manière des
Peuples dont ils prenaient la Religion.

Les Drames en récits firent changer de face à l'Opéra des Grecs.

Quoi qu'il en foit, l'invention des Drames en récits, tant férieux que comiques,

fit abandonner l'Opéra, ou les simples
représentations en chant. On n'y renonça
pourtant pas tout-à-fait. On l'inséra dans
les Drames qui lui furent préférés ; il
devint le chœur. On sut ainsi le conserver & se faire tout-à-la fois un nouveau
genre de plaisir. L'Opéra Sérieux resta
donc dans la Grèce autant de tems qu'on
y joua les chefs-d'œuvres des Euripide
& des Sophocle. Il n'est personne qui
en puisse douter. Tout le monde sait que
les Tragédies des Grecs étaient mêlées de
chants & de danses. On y voit des morceaux qu'il est clair qu'on chantait ; la
coupe des Vers & leur marche rapide
servent à nous en assurer : le genre principal de musique devait en être grave &
pompeux.

L'Opéra ne fit aucun progrès chez les Romains.

Il ne paraît pas que les Romains ayent
fait changer de forme au Spectacle chantant qu'ils trouvèrent en Grèce. Loin de
lui donner un éclat nouveau, ils le pri-
vèrent même de celui qu'il possédait,
puisqu'ils le bannirent de la Comédie,
en en retranchant les chœurs. Il ne fit
aucun progrès chez des Peuples qui ne

s'appliquaient qu'à la guerre, & dont tout le mérite était de copier les Nations qu'ils subjuguaient : ils le laissèrent presque dans le même état qu'ils l'avaient trouvé.

C'est aux Italiens que nous devons ce qu'il est actuellement.

La gloire de le perfectionner, de le rendre un Poème complet, était réservée à un siècle éloigné des anciens Romains, à des descendans reculés, qui n'ont ni leurs mœurs ni leur courage ; mais qui sont en récompense doux, honnêtes, bons dévots & grands Musiciens.

Il est sûr que les Italiens peuvent se regarder comme les inventeurs de l'Opéra-Sérieux. Ce n'est que par conjecture qu'on présume que les Grecs le connaissaient tel qu'il est présentement. Les Ouvrages dramatiques des Grecs en ont fourni la prémière idée. Une lecture réfléchie des chœurs de leurs Poèmes, aura fait naître à un homme de génie Italien le dessein de les imiter ; & l'Opéra-Sérieux se sera formé insensiblement. Les Italiens n'en sont pas moins estimables ; ils peuvent toujours passer pour les prémiers Auteurs des représentations en musique parmi les Peuples modernes.

Il y a toute apparence qu'ils suivirent d'abord fidèlement leurs modèles. Ils joignaient des Scènes entières de récit à de longues tirades de chants. Je trouve que dans l'onzième & douzième siècle, la musique était toujours mêlée à la déclamation. On prétend que ce fut Sixte IV. qui donna le prémier à l'Italie le Spectacle magnifique d'un Opéra complet, en l'an 1480. Ce Drame était intitulé *la Conversion de St. Paul;* il fut joué à Rome dans le Château St. Ange. Les Vénitiens peu de tems après en représentèrent un nouveau, presque semblable pour la beauté des décorations, & dont le sujet était puisé dans les Livres Saints. Venise se distingua bientôt dans ces sortes de Spectacles. Elle s'acquit la réputation d'y exceller, réputation qu'elle s'est conservée jusques à présent. Les sujets de la plus-part des prémiers Opéras d'Italie étaient tirés de l'Ecriture Sainte; car tous les Spectacles sérieux sont à leur origine liés à la Religion.

Etablissement de l'Opéra en France.

Le Cardinal Mazarin procurait en France les plaisirs les plus séduisans à Louis XIV, afin, sans doute, de parvenir à le détourner du soin des affaires. Il prévoyait déjà, malgré la jeunesse de ce Prince, ce que Louis ferait un jour. Soit par la raison que je viens d'alléguer, ou pour faire honneur à sa Patrie, il s'éfforçait d'établir en France l'Opéra-Sérieux, tel qu'on le représentait en Italie. C'est aux soins de ce Cardinal que nous en sommes redevables. On fait remonter le prémier Drame en musique qui fut joué en France par son ordre à l'année 1645. Renaudot lui donne le titre de *la festa theatrale de la finta Pazza*. Plusieurs Auteurs ne disent rien de celui-ci, mais ils en citent un autre intitulé *les Amours d'Hercule*, qu'ils prétendent le plus ancien, dont les paroles étaient Italiennes, & qui fut joué devant la Cour dans la sale du Louvre. Je ne m'amuserai point à les concilier : il nous importe fort peu de savoir lequel de ces deux Opéras eut le pas sur l'autre.

Une chose qu'il faut se garder d'ignorer, c'est qu'à l'origine du Théâtre lyrique en France, on ne représentait que des Opéras Italiens, parce qu'on doutait que la Langue Française eût assez de grâce & de légèreté pour être susceptible des mouvemens & de l'harmonie que demande la musique. L'Abbé Perrin, dit-on, montra le prémier combien l'on était dans l'erreur. Je ne sais pourquoi l'on comble cet Abbé d'une pareille gloire, tandis que Pierre Corneille composa son Opéra d'*Andromède* long-tems avant le sien. *Andromède* (43) est de 1650, & *Pomone* du sieur Perrin est de 1659. Ce Drame chantant du père de notre Tragédie, ne fut représenté que pour la cour. Comme tout le monde n'entendait pas l'Italien, l'Opéra-Serieux inspirait à sa naissance un ennui insupportable ; mais dès qu'il parut en Français, il commença d'acquérir des Partisans, & l'on ne voulut le voir qu'en cette Langue. Le Marquis de Sourdac, l'un des plus grands Machinistes de son tems, fit appercevoir les beautés que réunirait un jour ce Spectacle superbe.

La Ville eut enfin sa part des divertissemens du Roi. On représenta à Paris *La Toison d'Or*, Pièce de Pierre Corneille ; c'est le prémier Opéra-Français

---

(43) Il est vrai que l'*Andromède* de Corneille n'est point tout en chant, au lieu que *Pomone* est entièrement en musique.

qui

qui fut rendu public. (44) On le joua, je crois, en 1680 ; on donnait douze francs pour entrer au parterre ; & malgré ce prix éxceffif, on y courait en foule. La magnificence des décorations, les furprenantes machines inventées par Sourdac, & les furperbes balets dont il était entremêlé, firent défirer qu'on put jouir fouvent d'un pareil Spectacle.

L'Abbé Perrin follicita auprès du roi l'établiffement de l'Opéra en France. Il obtînt en 1669 des Lettres patentes qui lui en accordèrent le privilège, fous le titre, *d'Académie des Opéras de mufique, établie par le roi.* Ce ne fut qu'au mois de Mars 1671 qu'il fit l'ouverture de fon Théâtre, à l'Hôtel Guénégaud, rue Mazarine, par fa fameufe Pièce intitulée *Pomone.* Malgré les abfurdités & les chofes triviales dont elle eft remplie, elle fut jouée huit mois de fuite fans interruption. Cependant lui & fes affociés ne

---

(44) La *Toifon d'Or* était auffi mêlée de déclamation, ainfi que les anciens Opéras d'Italie ; mais il me femble pourtant que ce Poème & l'*Andromède*, doivent être mis au rang de nos prémiers Opéras, puifqu'ils firent chanter des paroles Françoifes longtems avant que *Pomone* parut.

s'accordèrent point , la division se mit entre-eux , & tout alla de travers.

Perrin fut obligé de céder en 1672 , son privilège à Lully , Sur-Intendant de la musique de la Chambre du Roi. Ce célèbre Musicien, dont les talens étaient déjà connus par la musique de plusieurs balets , ne trompa point les espérances qu'on avait conçues en sa faveur ; il rendit bientôt l'Opéra Français un des plus fameux Spectacles de l'Europe. Il dut aussi au bonheur de rencontrer Quinault , les rapides succès de son Théâtre , & la gloire dont il se couvrit : car un habile Musicien a besoin d'un bon Poète , pour éxceller dans son Art ; au lieu qu'un grand Poète n'a besoin que de lui-même pour s'immortaliser.

Quinault s'est acquis une réputation que le tems ne fait qu'acroître , en dépit du satirique Français. On est encore à chercher l'Auteur qui se distingue autant que lui dans le lyrique. Jusques à présent tous les Poètes n'ont pu le suivre que de loin. Sa Poésie douce , noble , élégante & vive , se prêtait à tout ce que la musique éxige. Ses Opéras se font lire avec plaisir ; on y trouve du feu , du génie , sur-tout beaucoup de sentimens & des

morceaux tout-à-fait fublimes. Avec un
tel Poète, Lully était affuré de plaire ;
& avec un tel Mnficien, Quinault était
certain de voir applaudir fes Ouvrages.

Lully tranfporta l'Opéra de la rue Mazarine au jeu de paulme du bel air. Il
le changea encore à la mort de Molière,
& l'établit dans la falle du Palais-Royal,
où il eft refté jufqu'à l'incendie de 1763,
qui contraignit les Directeurs de chercher une nouvelle falle. L'Opéra ferait
très-bien placé dans la fuperbe falle des
Thuilleries ; il la quittera pourtant dès
que celle qu'on conftruit au Palais-Royal,
fur l'emplacement de l'ancienne, fera entièrement achevée. Il y a toute apparence qu'alors notre Spectacle lyrique
fera fixé pour toujours. Ce fuperbe Théâtre doit beaucoup aux bontés de l'augufte
Prince qui fe plaît à raffembler auprès
de lui les Arts & les talens ; & que les
Mufes ne cefferaient de louer, fi fa modeftie ne leur impofait filence. L'Académie Royale de mufique, toujours redé-
vable aux Princes d'Orléans, trouvera
fans ceffe dans cette augufte Maifon de
puiffans protecteurs, qui fe feront une
gloire d'encourager les talens.

Les enfans de Lully fuccédèrent à leur

pere dans la direction de l'Opéra. Il fut depuis confié à différens Directeurs.

Le célèbre Rameau le tira d'une certaine langueur dans laquelle il allait tomber. Ses Ouvrages remplis de force & d'une harmonie variée, charmèrent toute la France, & causèrent une espèce de division. Deux partis puissans se disputent aujourd'hui le parterre de l'Opéra-Sérieux. Les uns tiennent pour Lully, les autres prétendent qu'il n'était qu'un écolier en comparaison de Rameau ; ces derniers, je ne sais pourquoi, paraissent être les plus forts : nous éxaminerons plus bas quelque chose de cette importante question, qui agita autrefois toute la France.

Des soins avec lesquels ce Théâtre est conduit.

Le Roi, par un Arrêt du Conseil d'Etat du mois d'Août 1749, a confié à perpétuité l'administration du grand-Opéra à la Ville de Paris ; ainsi dit un Auteur, (45) les Ediles avaient à Rome le soin des Spectacles. MM. Ré-

____

(45) M. Lacombe.

bel & Francœur dont les chefs-d'œuvres
de musique sont si connus, l'ont conduit
plusieurs années avec toute la sagesse possible. Dignes appréciateurs des talens qu'ils
employaient, ceux qu'ils présentaient au
Public, étaient une preuve de leur goût,
& ne devaient souvent leurs succès qu'aux
soins qu'ils prenaient de les former.

La protection qu'accorde à l'Académie
Royale de musique, le Ministre respectable (46) qui tient d'une main la balance, & de l'autre les couronnes qu'il dis-
tribue aux Arts & aux Belles-Lettres,
lui procurera toujours les plus grands
succès.

Qu'on me permette de saisir cette occasion de rendre justice au zèle avec lequel
Messieurs les Gentilshommes de la Chambre (47) veillent à tout ce qui concerne
les Spectacles en général. Ces augustes
Mécènes des talens, les encouragent chaque jour avec joye. L'homme de Lettres
est certain d'en être accueilli avec bonté ;
ils lui ouvrent souvent la carrière de la gloi-

---

(46) M. le Comte de St. Florentin, ministre &
Secrétaire d'Etat.

(47) M. le Duc d'Aumont, M. le Duc de Richelieu,
M. le Duc de Duras, & M. le Duc de Fleuri.

re, que mille traverses lui auraient peut-
être fermé pour jamais. L'habile Comé-
dien trouve aussi dans leur amour pour
les Arts, des protecteurs puissans, &
leur doit souvent sa célébrité & sa
fortune. En un mot, les Seigneurs gé-
néreux dont je parle, sont les Mécènes
des Talens & des Arts, autant pour satisfaire leur propre penchant, qu'afin de
prévenir les désirs d'un Roi surnommé
avec raison le BIEN-AIMÉ.

Notre Musique héroïque pourrait bien devenir moins lente qu'autrefois.

Je prévois que le Théâtre lyrique va
bientôt changer de face. On ne se plaindra plus de la monotonie de sa musique ;
les gens délicats seront satisfaits. MM.
Trial & Berton, aussi estimables par
leurs talens que par les qualités du cœur,
qui remplacent MM. Francœur & Rébel,
par un choix généralement applaudi, qui
fait tout-à-la-fois l'éloge de leur mérite
& de la place qu'ils occupent ; MM. Trial
& Berton, dis - je, feront succéder insensiblement la légèreté, les grâces sé-
duisantes du nouveau chant Français, à la
gravité de notre ancienne mélodie : l'har-

monie va prendre un nouvel être. Imitant les travaux des deux célèbres compositeurs qui régissent l'Opéra-Sérieux, les habiles Musiciens de nos jours, n'introduiront pourtant qu'avec ménagement dans ce Spectacle, un chant moins grave; ils conserveront une partie du genre de notre musique héroïque, estimable par sa noblesse & par son contraste avec le chant Italien.

Les prémiers Opéras-Sérieux étaient mêlés de Bouffonneries.

Pour revenir à l'Histoire de l'Opéra-Sérieux; peu s'en fallut que le Spectacle lyrique ne prît en se montrant en France la forme que l'Opéra-Bouffon a de nos jours. Les deux Pièces de Corneille èxceptées, ses prémiers Drames font remplies d'un comique, tirant beaucoup sur le burlesque. *Pomone* a plutôt l'air d'une farce que d'un Opéra-Sérieux. La musique devait certainement être analogue au genre des paroles & de l'action; elle formait donc un Opéra dans le genre de ceux qui nous font actuellement tant de plaisir. Je suis persuadé que si le Théâtre Italien jouait cette *Pomone* autrefois

ſi célèbre, elle ſerait généralement ap-
plaudie ; elle aurait peut-être encore plus
de ſuccès qu'elle n'en eut du tems de
ſon Auteur. Le Dieu des jardins qu'on
y voit agir, les bouteilles qui marchent
toutes ſeules, ainſi que la plus-part des
plaiſanteries de cette Pièce, ne manque-
raient pas de faire un bel éffet de nos
jours ſur le Théâtre moderne. Encore
une fois, je ne ſaurai jetter les yeux ſur
la naiſſance du grand-Opéra, ſans être
tenté de le prendre pour l'Opéra-Bouffon. Dans *les peines & les plaiſirs de l'a-
mour*, (48) on rencontre des Chanſons
auſſi enjouées, auſſi gaillardes, que les
Ariettes du nouveau Spectacle. Le Prologue des *Fêtes de l'Amour & de Bacchus* (49) eſt tout-à-fait dans le goût des
Poèmes dont nous feſons nos délices. Je
ne conçois pas ce qui empêcha l'Opéra-
Bouffon de ſe former dès-lors. Le genre
des talens de Lully, & les mœurs graves
de ſon ſiècle, en furent apparemment
la cauſe. A meſure que le goût ſe dé-
veloppait, on banniſſait de l'Opéra-Sé-

---

(48) D'un certain Gilbert, joué en 1672.
(49) Par Quinault, repréſenté dans la même
année.

rieux les plaifanteries & le comique ;
nous avons rétabli ce qu'on rejettait
alors. Serai-ce que le goût a décliné, &
qu'il s'eft remis dans le même état qu'il
était au commencement de l'autre fiècle ?
il ferait abfurde de le croire. Nous adoptons un genre nouveau de Spectacle, parce
qu'il nous a paru qu'il était agréable. D'ailleurs, nous en avons retranché tout ce
qui lui eft étranger ; chaque genre à fa
place & fon Théâtre marqué.

On ne vit pas toujours des Dan-feufes fur le Théâtre du grand Opéra.

L'Opéra-Sérieux a été comblé d'honneurs qu'aucun Spectacle ne peut fe vanter d'avoir reçu. L'on vit danfer aux repréfentations de plufieurs de fes Poèmes,
tout ce qu'il y avait de plus diftingué à
la Cour. Louis XIV. daigna lui-même
paraître dans quelques Balets. La Pièce
intitulée *le Triomphe de l'Amour*, (50)
jouée en 1681, eft un époque remar-
quable dans l'hiftoire du grand - Opéra.

____

(50) Paroles de Quinault, Mufique de Lully.

I v

On y vit danſer à St. Germain, M. le
Dauphin & Madame la Dauphine; Mademoiſelle, la Princeſſe de Conti, le
Prince de Conti, le Duc de Vermandois,
& Mademoiſelle de Nantes; avec ce que
la Cour avait de mieux en jeunes perſonnes tant en hommes qu'en femmes.
Le ſuccès de ce mêlange des deux ſèxes
fut ſi grand, que lorſqu'on donna cette
Pièce à Paris, on introduiſit pour la prémière fois des Danſeuſes ſur le Théâtre
de l'Opéra; avant ce tems-là, les Balets
n'étaient formés que par des hommes.
Je trouve pourtant des Bergères dans *les
peines & les plaiſirs de l'Amour*, qui ſui-
vit de bien près *Pomone;* car il fut joué
en 1672 : ſans doute que ces Bergères
étaient repréſentées par des hommes dé-
guiſés; & ſans doute qu'on ſe ſervit de
cet èxpédient juſqu'à l'année 1681. Nous
le tenions des Italiens qui ſe feſaient, ſur-
tout alors, un ſcrupule de mettre des
femmes ſur la Scène: c'eſt dommage qu'ils
n'euſſent pas la même ſévérité dans ce
qui concernait l'intrigue de leurs Drames.
L'Opéra perdrait beaucoup ſi l'on s'avi-
ſait de revenir à un pareil uſage.

Des Opéras d'Italie ; & réfléxions sur les Balets.

J'obferverai qu'il n'y a prefque point de danfe dans les Opéras-Sérieux d'Italie ; ils font auffi tout-à-fait dénués du fecours des chœurs , qui dans nos Drames lyriques font fouvent tant d'éffet , & qui font ordinairement des chefs-d'œuvres de mufique. Le peu de Balets qu'on voit dans les Opéras des Italiens , ne fe rapporte jamais au fujet. Après qu'une Princeffe a quitté la Scène , il eft tout naturel , par éxemple, en Italie, que les fept péchés mortels viennent former un divertiffement. Enfin les danfes de l'Opéra des Italiens n'ont aucune liaifon avec ce qui les précède ou les fuit ; nos Balets font au moins plus fupportables. Ce que je viens de dire fuffit pour donner en même-tems une idée des fuperbes Opéras de l'Efpagne , de l'Allemagne & de l'Angleterre ; puifqu'ils font tous fais par des Italiens , les danfes n'y font pas mieux amenées qu'à Venife ou qu'à Milan.

Il eft abfurde d'imaginer que des danfes introduites dans un Poème , feront plus fupportables quand elles n'auront aucune

liaifon avec l'intrigue. Puifque vous ad-
mettez des danfes dans le Poème lyrique, ne vaut-il pas mieux qu'elles foient
amenées par le fujet même? Tous les
Arts qui concourent a embellir l'Opéra-
Sérieux, nous charmeraient-ils tant à ce
magnifique Théâtre, fi de leur union
intime il ne réfultait un tout parfait?

On doit encore remarquer à propos
des Balets de l'Opéra d'Italie, que la
mufique en eft ordinairement fort mau-
vaife; les Italiens font loin de réuffir
dans une mufique de ce genre : c'eft fans
doute pourquoi leurs Poèmes lyriques
font fouvent dépourvus de Balets. Lorfqu'ils veulent mettre un peu de danfe
dans leurs Drames, ils font quelquefois
contraints de récourir à notre mufique.

Difons encore, qu'ils ne font agir dans
leurs Drames lyriques que des Héros
véritables, ou dont les fais font confa-
crés dans l'Hiftoire; auffi leurs Pièces
chantantes font-elles toujours froides,
malgré les beautés de leur mufique. Ils
ont tort auffi de n'employer jamais le
fecours des machines, que nous plaçons
naturellement dans un Spectacle où tout
eft merveilleux.

D'après cet expofé fincère de l'Opéra-

Sérieux des Italiens, on peut s'en former une juste idée ; on n'y voit ordinairement ni danse, ni chœur, ni machines, ni Spectacle : est-il comparable au nôtre ?

Une observation qu'il est essentiel de faire ici, au sujet de la danse, & qui regarde particulièrement les *Maîtres de Balets*, c'est que la danse ne saurait plaire si elle n'a un dessein, si elle n'exprime quelque chose. Le spectateur est peu touché des sauts, des entre-chats ; il n'est nullement charmé des mouvemens variés d'une foule de Danseurs, si tout cela n'a un but, & ne satisfait notre âme en peignant des passions. Il faut ensuite que ces diverses peintures se lient, se confondent au tableau principal, en se rapportant à la circonstance qui les amène.

Un Poète agréable, qu'on peut appeller le favori des grâces, (51) s'est depuis peu élevé, avec beaucoup de raison, contre les masques des Danseurs. Il est certain qu'en se couvrant de la sorte le visage, ils oublient que tout leur corps doit exprimer des passions, & que le visage sur-tout doit être le fidèle miroir de ce qui agite l'âme. Lorsqu'on peint

____

(51) M. Dorat, dans son Poëme de *la déclamation.*

par des geftes, par des pas lents ou pré-
cipités, le trouble, l'amour, l'abattement,
la fureur; pourquoi la phifionomie ferait-
elle toujours la même? pourquoi n'y
verrait-on pas, ou ne s'imaginerait-on
pas y voir, ces changemens fubits de
traits & de couleurs, qui dénotent ce
qui fe paffe dans notre intérieur? Eft-ce
là faifir la nature, dans un Art où l'on
fe flatte le plus d'en approcher? Renon-
çons donc à un ufage qui n'a pour lui
que fon antiquité.

Afin de donner le même caractère au
vifage de plufieurs Danfeurs, on eft contraint d'employer les mafques; la figure
ingrate de quelques Elèves de *Therpficore*,
a fait imaginer auffi un pareil expédient.
Mais cette uniformité de traits, tant de
phifionomies fi reffemblantes, font tout-
à-fait contre la nature. Et pourquoi ceux
qui compofent les chœurs des Opéras
font-ils fans mafques? n'ont-ils pas auffi
un caractère à exprimer? Qu'il y a là
de vifages peu expreffifs dignes d'être
couverts! Il eft vrai qu'on a remarqué
que la figure de plus d'un Danfeur n'eft
guères agréable quand elle ôfe paraître
fans voile; mais alors elle eft au moins
l'image de la nature.

Fefons encore une autre remarque. On
fe permet de mafquer tous les Danfeurs,
& on fe difpenfe d'en faire autant aux
Furies, repréfentées par des femmes. Il
eft vrai qu'il ferait criant de dérober aux
yeux les charmes d'une jolie Danfeufe ;
j'en conviens ; cependant l'idée qu'on fe
forme des Furies éxige qu'elles n'ayent
point une mine fi friponne, fi tentante.
Qu'il y a de contradiction dans les moindres actions des hommes !

Idée du Spectacle lyrique.

Effayons maintenant de donner une
jufte idée de l'Opéra-Sérieux, tel qu'il
eft en France. C'eft un fpectacle qui réunit tout ce qui peut plaire, comme les
décorations, la danfe, la Poëfie & le
chant. Il ne lui manque plus que d'employer la déclamation, encore fes récitatifs en approchent-ils beaucoup. Ce Théâtre eft particulièrement confacré aux prodiges. Les Fées, les Magiciens & les
Dieux, s'y difputent tour à-tour à qui
produira le plus de merveilles. Le furprenant y fait toujours plaifir. La variété
embellit auffi notre Drame lyrique. Le
monde naturel & fabuleux s'y découvrent

à nos regards. On y voit de simples mortels & des Héros ; des Guerriers & des Prêtres ; des Bergères & des Princesses ; des Nations entières & des Rois ; des Démons & des Dieux ; des Magiciens & des Enchanteresses : d'horribles déserts sont remplacés par des campagnes riantes ; des jardins magnifiques sont changés tout-à-coup en des rochers arides, en des gouffres affreux ; une sombre forêt est suivie d'un palais superbe ; la nuit la plus obscure succède au jour le plus vif ; l'enfer paraît dans des lieux où l'on admirait l'Olimpe. A peine le Spectateur a-t-il le tems de respirer ; ses yeux sont à chaque instant frappés, éblouis, par de nouveaux objets ; son âme nage dans l'ivresse ; des Danseuses charmantes viennent enchanter ses regards, incertains des grâces qu'ils doivent fixer. Les prémiers Danseurs de l'Europe remplissent les Balets. Une musique délicieuse, les accords les plus parfaits, & des voix qui ne savent que trop émouvoir notre âme, achèvent de charmer le Spectateur. Lorsqu'il pourrait languir, lorsqu'il commence à s'accoutumer aux merveilles qu'on lui présente, la Scène change, un Spectacle différent se découvre, d'autres

Acteurs paraissent, & une nouvelle harmonie se fait entendre.

Le nouveau Théâtre nous offre-t-il tant de diversités, tant de beautés réunies? & cependant il nous transporte, il nous séduit davantage. Ce serait-on attendu que des Drames maigres, décharnés, vides d'actions & de spectacles, l'emporteraient sur le grand-Opéra, qui oblige tous les Arts à concourir à nos amusemens?

Il est certain que le Théâtre lyrique est le seul qui puisse nous donner une idée des Spectacles étonnans des Grecs & des Romains. Philippe Duc d'Orléans, Régent de France, dont nous avons encore sous nos yeux les grandes qualités & l'amour des Arts & des Lettres; le trouvait si beau, si capable d'éxciter en nous des mouvemens de surprise & de joye, qu'il s'écriait souvent; qu'il lui serait impossible, malgré son rang & ses richesses, de procurer aucun plaisir à celui qui n'en ressentirait pas à l'Opéra : ce Prince èxprimait par ces paroles tout ce qu'on peut dire à la louange du Théâtre lyrique. (52)

____

(52) L'Abbé de La Baume, Auteur de plusieurs Ouvrages ridicules, ayant occasion de parler du grand

Que les Drames lyriques sont susceptibles de la plus-part des règles des autres Pièces de Théâtre.

Ceux qui ont prétendu que ses Poèmes n'étaient susceptibles d'aucune règle, ont montré qu'ils ne le connaissaient guères. S'ils avaient fait une sérieuse attention à la plus-part de ses Drames, tant Français qu'Italiens, ils auraient bientôt changé de langage. Il est vrai que les Poëtes lyriques se permettent quelques libertés qui seraient ridicules sur d'autres Théâtres; mais le genre de ce Spectacle semble les éxiger, & veut en même-tems que ses Pièces soient soumises aux règles.

Soyons fortement persuadés que l'Opéra-Sérieux est une vraie Tragédie, qui doit être composée avec tous les soins de l'Art. Ses Drames, de quelque genre qu'ils soient, doivent être aussi l'ouvrage de la méditation & du goût. Ils sont fon-

---

Opéra dans un Poëme sur la Paix, s'écrie avec un enthousiasme tout-à-fait comique : Où suis-je ?.... est-ce ici le séjour qu'habite l'Eternel ?

dés tous ensemble sur les mêmes principes qui dirigent les Auteurs des divers
Spectacles.

Il faut que la prémière Scène renferme une èxposition claire & précife du
fujet ; tout ce qui la diftingue, c'eft qu'il
eft néceffaire qu'elle foit très-courte, que
les Acteurs & les Spectateurs foient inf-
truits en peu de mots. Le Poète aura foin
enfuite que les Scènes & les Actes foient
bien liés entre-eux ; que les uns & les
autres s'amènent naturellement. Il faut
encore que l'entrée & la fortie des Acteurs n'ayent rien de gêné ; l'homme d'efprit s'en moquerait autant que s'il apper-
cevait un pareil défaut dans une Tragédie en récit, ou dans une Comédie. Sur-
tout qu'on ait grand foin que l'intrigue
ne languiffe jamais, & que les événemens multipliés concourent au dénouement, & le faffe arriver fans violence.
Malgré qu'une machine termine prefque
toujours en France les Opéras-Sérieux, à
l'imitation des Pièces Grecques, on peut
dire que leur dénouement eft felon les
règles, puifque cette machine eft à demi-
prévue ; l'Opéra nous fefant attendre du
merveilleux, & ceci en étant le comble.
D'ailleurs, la Divinité qui paraît tout-à-

coup pour dénouer un Poème lyrique
bien constitué, est liée à l'action, puisqu'elle protège quelques-uns des Personnages, & qu'on a soin de le faire savoir
dans le cours du Drame fait avec art.
Il est donc naturel que cette Divinité
bienfaisante vienne au secours de ceux
qu'elle chérit ; & nous ne tombons pas
tout-à-fait dans le défaut de la Tragédie
des Grecs. Mais on voit bien que pour
qu'un *dénouement à machine* soit supportable, il faut qu'il ait été souvent question,
dans le cours du Drame, de la divinité qui
vient tout-à-coup le terminer.

Enfin l'Opéra-Sérieux est semblable, à
peu de chose près, aux Poèmes sérieux
& comiques dénués des agrémens du
chant. Il s'efforce ainsi qu'eux d'exciter
les passions, la douleur, la joie & la
surprise. Formé sur le modèle de nos
deux principaux Théâtres, il est tout
simple qu'il les imite dans ce qu'ils ont
de mieux.

Il est si vrai que le Drame lyrique est
composé selon les principales règles qu'exigent les autres Théâtres, que si quelque
Auteur s'avisait d'en écrire un qui n'eut
point d'exposion, de nœud, ni de dénouement, on ne pourrait soutenir la

vue d'un Ouvrage aussi informe. En faut-il davantage pour nous persuader qu'un Opéra-Sérieux est l'ouvrage du goût & de la connaissance parfaite des règles de l'Art?

Règles particulières à l'Opéra-Sérieux.

Voyons présentement les règles qui lui sont particulières, & ce qu'il est important de savoir pour bien entrer dans son genre.

Il est étonnant que l'ennemi de notre Scène lyrique, (je veux parler de M. Rousseau) se soit efforcé de prouver que la musique devient un langage naturel dans un Drame où tout est merveilleux; & qu'il n'en ait pas conclu que les Poèmes de l'Opéra doivent donc toujours offrir du merveilleux : il craignait, sans doute, de donner trop de prise à la critique contre les Italiens, qu'il semble avoir fait vœu de défendre en tout. Mais tirant de son raisonnement la conséquence qu'il présente, & après avoir réfléchi sur le genre des Poèmes sérieux, donnons pour règle certaine, que les Sujets du grand-Opéra doivent être susceptibles du merveilleux, puisque la musique est une partie èssentielle de ses Drames.

Les sujets des Opéras - Sérieux doivent être puisés dans la Fâble.

Les prodiges, la variété, la pompe de Spectacle qui doivent toujours accompagner le grand Opéra, obligent ses Auteurs à prendre presque tous leurs sujets dans la Fâble. Les aventures des Dieux de la mythologie, les merveilles que l'on suppose qu'ils opéraient, fournissent des incidens qui sont très-analogues au genre du Spectacle lyrique. L'Histoire ne lui ouvre qu'un champ stérile en comparaison. L'imagination du Poète est bornée lorsqu'il puise chez elle le sujet d'un Opéra-Sérieux. Le Héros véritable qu'il met alors sur la Scène, ne peut éprouver que des revers connus, ou naturels. Il serait ridicule qu'Aléxandre, ou César, se trouvassent tantôt sur la terre, tantôt dans les cieux. Enfin il me semble que la mythologie met le Poète lyrique bien plus à son aise ; il est maître de retrancher, d'ajouter, & de créer à chaque instant de nouvelles merveilles. La magie lui permet encore de laisser prendre un libre effor à fon imagination : les deux *Amadis* , (53) *Roland furieux* , (54) *Zoroaftre* , (55) &c. font remplis de tout le furprenant fi néceffaire aux Poèmes de ce Théâtre. Cahuzac eft le prémier qui à mis avec fuccès fur le Théâtre de l'Opéra, des Fées & des Magiciens. Je crois pourtant que la mythologie eft à préférer aux fujets qui font intervenir des Magiciens ; les événemens de la Fâble ont quelque chofe de grand, de noble ; ils partent d'une caufe tout-à-fait relevée : ils font donc plus dignes de la majefté du Drame lyrique.

Qu'on peut mettre encore en action les Génies élémentaires.

M. de Montcrif, s'appercevant que les fujets de la Fâble & de la magie étaient prefque épuifés, a eu recours aux Sylphes ; c'eft à-dire que *le Conte de Gabalis* lui a ouvert une nouvelle carrière

------

(53) *Amadis de Gaule* , par Quinault & Lully, fut repréfenté en 1684. *Amadis de Grèce* , par la Motte, fut joué en 1699.

(54) De Quinault & Lully.

(55) Par Cahuzac & Rameau, repréfenté en 1747.

Cet Auteur est, je crois, le prémier qui ait fait paraître à l'Opéra, des Sylphes, ou des Esprits élémentaires. On ne peut qu'applaudir à son idée. Des Génies offrent des choses aussi nobles, des événemens aussi prodigieux, que les Hèros & les Dieux de la mythologie. Il est seulement à craindre que de pareils sujets ne deviennent bientôt rares.

On nous vante envain les sujets tragiques, c'est-à-dire tirés de l'Histoire; je soutiens que l'Opéra-Sérieux doit les employer rarement, ou les mêler de quelque chose de fabuleux. Son genre éxige absolument du Spectacle & de la variété, sans quoi il serait d'un ennui insupportable; & un fait pris dans l'Histoire n'offre pas toujours un champ assez vaste. Le goût des Italiens ne doit pas décider du nôtre. Il me semble donc que la Fâble, la Magie & le système des Esprits élémentaires promettent au Poète lyrique un succès plus brillant. Et d'ailleurs, le tragique ne peut-il pas se trouver aussi bien dans un sujet fabuleux, que dans un sujet véritable? C'est l'Art du Poète qui le fait naître ordinairement. Quinault n'a-t-il pas mis des situations tragiques, déchirantes, dans *Alceste, Cadmus, Armide?*

mide ? &c. Il s'en faut pourtant de beaucoup que les sujets de ces Poèmes tragiques soient puisés dans l'Histoire.

Que l'action des Drames lyriques est vraisemblable, contre la commune opinion.

J'attaque une opinion généralement reçue, qui, selon moi, n'est fondée que sur
le préjugé. Avant de m'accuser d'avancer
de purs sophismes, qu'on daigne au moins
m'entendre. Entraîné par le torrent, j'ai
long-tems pensé avec tout le monde que
l'incroyable seul embellissait le Théâtre
de Quinault ; mais de sérieuses réflexions
m'ont découvert mon erreur, & celle d'un
grand nombre d'Ecrivains. Il me semble
que le *possible-vraisemblable* est l'âme de
l'Opéra-Héroïque, de même que la vraisemblance est le fondement de la Comédie & de la Tragédie. Voici comme je
prouve mon sentiment, qui ne paraît
hazardé qu'au prémier coup d'œil.

Lorsque l'on dit que le Théâtre lyrique est dénué du vraisemblable, l'on doit
entendre, que tout ce qui s'y passe est
contraire aux idées que nous nous formons des choses ; mais n'en est pas moins
dans la nature. Je demande s'il n'est pas

TOME II.   K

naturel que tel Magicien fasse changer
le lieu de la Scène trois ou quatre fois,
& que des Dieux opèrent les prodiges
les plus étonnans ? On a donc tort de
prétendre que les Drames de l'Opéra ne
sont fondés que sur *l'incroyable*. Si l'on
fesait agir des Personnages qui n'ont aucun pouvoir, & qu'ils occasionnassent
cependant les merveilles dont nous sommes témoins, on soutiendrait avec raison
que de tels Poëmes sont dénués de vraisemblance. Mais puisque ceux qui viennent sur la Scène sont supposés avoir la
puissance en partage, il est tout simple
qu'ils se distinguent du commun des mortels, en fesant naître des merveilles sans
nombre.

Il résulte de ce que je viens de dire,
que le Théâtre lyrique rejette *l'incroyable*
avec autant de soin que les autres Spectacles. Il serait loin de s'écarter de *l'impossible*, s'il attribuait mal à-propos un
pouvoir surnaturel à ses Personnages, ou
s'il rendait plus puissant celui qui doit
être le plus faible.

Après avoir démontré qu'il ne blesse
aucunement la vérité dans tout ce qu'il
nous représente de merveilleux ; il est facile de faire connaître qu'il la respecte

ſans ceſſe dans les moindres parties de ſon action, & dans les ſentimens de ſes Perſonnages.

La marche de ſes Drames eſt ſimple, unie, les événemens qui tiennent du prodige, y ſont amenés, encore une fois, par des Magiciens ou par des Dieux, à qui tout eſt ſuppoſé poſſible. Les Acteurs s'expriment d'une manière proportionnée à leur rang, & aux paſſions qu'ils reſſentent. La jalouſie, la fureur, agitent ceux qu'elles doivent enflammer ; l'amour y fait ſentir ſes loix à des cœurs dont il eſt vraiſemblable qu'elles ſoient chéries : en un mot, je défie qu'on me montre le moindre ſentiment mal placé ; c'eſt-à-dire, la perfidie dans l'âme d'une amante ; la férocité parmi des mœurs douces, &c. Les objets ſont toujours dépeints tels qu'ils doivent être. Ce Sultan goûte un bonheur inſipide au milieu des plus belles femmes de l'Univers ; *Armide* eſt une enchantereſſe aimable & dangereuſe ; *Renaud* oublie dans les bras d'une jolie femme ſon devoir & la gloire : apperçoit-on là rien de forcé ? N'eſt-ce pas au contraire l'image de la nature ? Concluons-en, que les Auteurs lyriques ſont obligés d'être *vrais* & d'éviter *l'incroyable*, avec autant de foin que dans le genre de Thalie & de Melpomène. Soyons convaincus que tous ceux qui ont écrit que l'Opéra-Sérieux était ennemi du *possible* & du *simple*, se font furieusement trompés, puisqu'il renferme ces deux qualités si précieuses au Théâtre.

Pour moi, (dussai-je me répéter,) je crois qu'on s'est mal-entendu en soutenant que ce Spectacle n'était susceptible d'aucune vraisemblance. On a peut-être voulu dire que son action, composée de Faits étonnans, était d'abord difficile à croire, & que notre raison ne savait que penser des choses diverses qui la frappent tour-à-tour à l'Opéra ; parce que nos yeux ne font point accoutumés à contempler des Magiciens, des Fées, des Génies & des Dieux.

Du miraculeux au Théâtre lyrique.

„ Si les événemens des Poèmes de l'O-
» péra-Sérieux font vraisemblables, quoi-
» que furnaturels, ils n'en font pas moins
» arriver quelquefois le *miraculeux*, un
» peu plus difficile, à excufer ; me dira-t-
» on fans doute. Le *Miraculeux*, conti-
» nuera-t-on, eft au Théâtre, non-feule-
» ment contre la nature , mais encore

» contre toute impoſſibilité : un Dieu
» même peut à peine le faire recevoir.
» L'Opéra - Sérieux eſt le ſeul Spectacle
» dans lequel on veuille bien le ſuppor-
» ter , quoiqu'il bleſſe abſolument la rai-
» ſon «. Je vais répondre à cette objec-
tion , qui ceſſera peut-être bien-tôt d'en
être une , & d'avoir quelque rapport aux
Ouvrages des Poètes lyriques.

Gardons-nous de confondre le *Prodi-*
gieux avec le *Miraculeux*. Un Magicien ,
ou un Dieu , fait changer tout-à-coup le
lieu de la Scène ; un tel événement tient
du prodige ; mais il ne doit point révolter
au Théâtre lyrique , ainſi que je me ſuis
éfforcé de le prouver. Qu'eſt-ce donc que
les Critiques appellent *Miraculeux* dans
les Drames de Quinault ? Le voilà. On
veut que l'ouverture par laquelle les Démons ſortent de l'Enfer , reſſemble à ces
abîmes que la terre forme en s'entre-ou-
vrant : on veut que la voûte d'un Palais
ſe partage , ſe briſe quand une Magicien-
ne ou une Divinité eſt ſuppoſée la fendre
pour s'élancer dans les airs. Il eſt certain que lorſqu'on ne voit rien de tout
cela , on eſt forcé de croire qu'un Miracle en eſt la cauſe ; & l'on perd toute
l'illuſion , parce qu'un Miracle de ce genre

n'eſt point recevable au Théâtre, qui veut toujours que les choſes ſoient dans la Nature.

Mais eſt-ce donc au Poëte lyrique qu'il faut s'en prendre ? Le *Miraculeux* diſparaîtrait bientôt, ſi les Machiniſtes voulaient y faire attention ; eux ſeuls ſont cauſe qu'il éxiſte ſouvent à l'Opéra. Qu'ils diſpoſent leurs trapes de manières qu'en s'ouvrant elles ſemblent former un gouffre ; que des toiles peintes trompent les yeux des Spectateurs : & quand *Médée*, par éxemple, perce la voûte d'un Palais en s'envolant dans ſon char, que le Machiniſte faſſe diſparaître une partie des toiles qui repréſentent cette voûte, & qu'il faſſe entendre un certain bruit, comme ſi véritablement tout le Palais s'entreouvrait avec violence. Il eſt aiſé maintenant de s'appercevoir que c'eſt le Machiniſte peu attentif qui a fait particulièrement accuſer le Poëte lyrique d'employer le *Miraculeux*, ou des faits impoſſibles, qu'on ne ſaurait admettre au Théâtre. On a jetté ſur le Poëte un ridicule dont le Machiniſte, ou le Décorateur, mérite ſeul d'être couvert.

Le Poëte lyrique doit faire attention aux vérités que je viens de lui découvrir.

Je le prie encore de remarquer avec soin le reste de mes observations , que je vais lui présenter sous un même point de vue,

Pourquoi l'unité de lieu ne se trouve point observée dans le grand-Opéra ; & l'art d'amener les changemens.

L'unité de lieu n'est point observée dans le grand - Opéra ; j'ôse avancer qu'elle y ferait un défaut. Elle ôterait aux Spectateurs le plaisir de la surprise ; elle rendrait l'action trop monotone & trop froide ; elle ferait disparaître enfin ces décorations superbes, qui font souvent le principal mérite des Drames chantans. Mais il faut que le lieu de la Scène ne change qu'au commencement de chaque Acte. On souffre , on est révolté , lorsqu'au milieu d'une Scène tous les personnages , & ceux qui les observent , se trouvent transportés dans un endroit nouveau. On ne saurait se prêter à une illusion aussi forte. Le merveilleux perd alors une partie de ses charmes, & paraît sur-tout à l'homme délicat une absurdité insoutenable. Il est bien plus naturel que dans l'intervale d'un Acte à l'autre, les Acteurs ayent eu le tems de parcourir certain espace. Tandis qu'on ne les voit pas, on peut se figurer qu'ils se sont transportés dans le lieu que la Scène représente ; lorsqu'ils sont sous nos yeux , nous nous appercevons bien clairement qu'ils n'ont fait aucun mouvement pour changer de place.

Que l'unité de tems n'est guères propre à l'Opéra-Sérieux.

Je ne sais si je dois conseiller aux Lyriques de négliger de même l'unité de tems. Il me semble cependant qu'elle ne se rencontre guères dans la plus-part des Opéras - Sérieux Italiens & Français. Il n'est pas trop possible que les événemens dont ils sont remplis soient arrivés dans vingt-quatre heures : ils seraient alors trop entassés les uns sur les autres. Prenons pour éxemple *Alceste* (56) ; on verra que l'intrigue des Opéras-Sérieux en général demande une plus grande étendue de tems que celle qu'on a prescrite aux Poëmes simplement récités. Le prémier Acte est en Thessalie dans la

---

(56) De Quinault & Lully; représenté en 1674.

ville d'Yolcos. *Lycomède* enlève *Alceste* ;
l'époux de cette Princesse, suivi d'*Hercule*,
court à la vengeance. Le second Acte se
passe dans l'Ile de Scio , qui est située
dans l'Archipel ; on assiége la Ville capitale de cette Isle. Je demande si l'on peut
dans un instant traverser un bras de mer
considérable , former un siége dans toutes les règles , & faire la conquête d'une
Ville fortifiée ? Mais ce n'est pas tout.
On revient en Thessalie. *Admette* blessé
est sur le point de mourir ; sa femme
s'offre généreusement à perdre la vie afin
de conserver la sienne. *Alcide* descend
aux Enfers , combat les Démons ; arrache *Alceste* du séjour de la mort , la
ramène sur la terre , & la cède à son
époux : est-il croyable que tant d'événemens se soient passés dans vingt-quatre
heures ? Le seul voyage que tous les Acteurs font de la Thessalie dans une des
îsles de l'Archipel , éxige un tems bien
plus long. On peut en dire autant de l'intrigue de presque tous les Drames lyriques.

Il est donc prouvé qu'il est permis aux
Poètes du grand-Opèra de négliger l'unité de tems ; mais ils doivent le faire avec
adresse. Voici la politique qu'employent

les plus habiles. Ils donnent à l'action de
leurs Drames toute la durée qu'ils jugent
nécessaire ; mais rien n'annonce les libertés qu'ils se permettent. Aucun mot , aucun signe , n'avertissent les Spectateurs
que les vingt-quatre heures sont èxpirées.
Ce n'est qu'en réfléchissant qu'on s'apperçoit que le Poète lyrique est contraint de
secouer le joug d'une règle qui serait trop
gênante. Il nous persuade d'abord avec
adresse qu'il ne s'en écarte jamais ; la raison nous découvre par dégrés ce que son
silence nous cachait , & nous oblige en
même-tems de l'excuser.

Les danses sont quelquefois mal pla- cées dans le grand-Opèra.

Il serait à souhaiter que les Auteurs
Français du grand - Opéra missent autant
d'art dans la manière dont ils amènent
les divertissemens. Ils se laissent trop séduire par l'éxemple des Italiens. L'usage a
décidé qu'on terminerait chaque Actes des
Poèmes lyriques par un Balet; on risquerait
de déplaire au public en refusant de se
soumettre à cet usage bisare. Qu'arrive-
t-il de là ? Nos Lyriques placent souvent
des danses dans des endroits qui n'en sont

point susceptibles. Lorsque la douleur occupe la Scène, ils font arriver une troupe de Bergers, ou de plaisirs personnifiés,
qui se livrent à l'allégresse. En un mot, ils
négligent trop de considérer ce qu'éxige
la situation de leurs Acteurs ; aussi l'action est-elle souvent refroidie par le plus
beau Balet : & ce qu'il y a de pis, ce
Balet magnifique arrive souvent dans des
circonstances où les principaux personnages ne songent qu'à pleurer. Il est vrai
que la danse de notre Opéra-héroïque est
toujours admirable, & qu'elle l'élève au-
dessus de tous les Spectacles de l'Europe; mais quand elle est mal placée, elle ne
choque pas moins l'homme de goût.

Je n'adopte pourtant point le sentiment
de M. Rousseau, qui prétend que la danse
étant par des gestes l'imitation de la parole, doit être bannie d'un Poème où la
parole est employée ; car, dit-il, pourquoi se contenter des gestes, lorsque l'u-
sage de la voix est possible ? Toutes les
raisons qu'il allégue se détruisent d'elles-
mêmes, lorsque l'on considère que la
danse est l'image de la joye qu'on eprou-
ve ; & qu'il est fort naturel qu'une grande
multitude de gens forment des danses,
lorsqu'ils ont quelques sujets d'allégresse.

K vj

Il est encore des cas où la danse n'a rien
que de naturel, comme dans une cérémo-
nie de religion , dans une pompe funè-
bre , &c.

L'Auteur qui sera jaloux de se distinguer & de perfectionner les Poèmes lyriques , aura soin de n'y faire intervenir
des danses qu'à propos. Il se montrera un
grand Maître , si les danses sont amenées
par le sujet même , ou lorsque l'action est
prète à languir.

On peut observer qu'en France, un Balet
termine presque tous les Actes des Poèmes
lyriques ; c'est-à-dire , que des Danseurs
viennent occuper le lieu de la Scène dès
que les personnages nécessaires à l'action
sont obligés de sortir , ou dès qu'ils ne
parlent plus. Il s'ensuit donc que la Scène
n'est jamais vide , & qu'il n'y a point de
divisions d'Actes à l'Opéra des Français ;
puisque nous entendons par le terme
d'*entre-Acte* un intervale , un repos général , ou l'instant où le Théâtre cesse d'ê-
tre occupé. Néanmoins nos Poèmes lyriques se divisent en trois & en cinq Actes. Dès que les Acteurs chantans sortent
du lieu où se passe l'action, l'Acte est cen-
sé fini. Nous avons des Opéras que les
Balets multipliés font diviser en un nom-

bre d'Entrées confidérables; ce qui paraît abfurde , & tout à-fait contre la règle , qui veut que les Pièces de Théâtre ne contiennent tout au plus que cinq Actes , ou cinq divifions. Les Lyriques feront bien de ne pas trop répéter les danfes , afin de ne point tomber dans un ridicule pareil. *Les Fêtes Vénitiennes* (57) ont dix Entrées ; & *le Triomphe de l'Amour* (58) en a jufqu'à vingt : je demande quel intérêt on peut prendre à une action fi fouvent interrompue ?

Les Prologues ne font plus guères en ufage.

La coutume voulait autrefois en France que les Opéras fuffent précédés d'un Prologue ; c'était ordinairement un petit Poème à la louange de Louis XIV : l'éloge était caché fous une fine allégorie , ou bien amené avec beaucoup de délicateffe. Je crois qu'à préfent on peut fe difpenfer de faire des Prologues , s'ils n'ont un certain rapport avec l'action du Drame qu'ils précèdent.

----

(57) Par Danchet & Campra, repréfenté en 1710.
(58) Par Quinault & Lully, repréfenté en 1681.

Explications des différentes manières de désigner le genre des Poèmes lyriques.

Les Poèmes de notre Opéra-sérieux font désignés par différentes épithètes, pour exprimer le genre de l'action qu'ils contiennent, & la qualité de leurs personnages. La Pièce lyrique où l'on voit agir des Héros & des Dieux, n'emporte pas moins le nom de *Pastorale* ; il suffit que le lieu de la Scène soit champêtre, ou que quelques-uns de ses Acteurs soient d'un rang subalterne. On appelle *Pastorale-héroïque* le Drame dont le sujet est plutôt grave que simple, & dont la catastrophe est quelquefois tragique.

Les Opéras qui portent parmi nous le titre de *Balets*, font ordinairement gracieux & rians ; ils ne renferment que des aventures amoureuses, dont le dénoument est toujours heureux : on prétend que le nom d'*Opéras-Balets*, qui tire son origine du vieux mot François *Baller*, qui signifiait sauter, danser, se réjouir, vient de ce qui s'observait dans les Fêtes que donnait Louis XIV. On ne représentait proprement a sa Cour que des Balets dans lesquels on introduisait un peu de chant ; mais il est arrivé par la suite que le chant a pris le pas sur la danse ; celle-ci ne s'est plus trouvée que l'accessoir : c'est ainsi que chez les Grecs la déclamation l'emporta sur la musique. Observons au sujet des *Opéras-Balets*, qu'ils sont composés de plusieurs Actes qui n'ont aucun rapport les uns aux autres, puisqu'ils forment autant de Pièces détachées, rassemblées sous un même titre. Ce qui distingue encore les Opéras-Balets des autres sortes de Poèmes lyriques, c'est que dans chacun des Actes qui les composent, on amène ordinairement deux divertissemens, au lieu qu'on n'est point même obligé de placer une seule Fête dans le cours d'un Acte d'un *Opéra-Tragédie*. Ai-je besoin de faire observer qu'on appelle *divertissemens* les danses des Opéras-Balets, & qu'on donne plus particulièrement le nom de *Fêtes* à celles qui font mêlées dans l'action des Opéras-Tragédies.

Le terme de *Fragmens*, usités seulement en France, dénote plusieurs petits Opéras joints ensemble. On ajoute à ce terme l'épithète d'*héroïques*, lorsque les Actes qu'on a réunis contiennent une intrigue relevée ou sérieuse. Il n'est pas, je crois, nécessaire d'expliquer ce qu'on entend par *Tragédie* au Théâtre de l'Opéra. On conçoit assez qu'on désigne par ce mot une action grave, qui renferme de grands intérêts. Tout ce qui se passe dans les Poèmes lyriques qui portent le titre de Tragédies, doit être digne de la majesté de Melpomène ; le chant exprime la douleur, le trouble de l'âme ; & les danses mêmes en sont l'expression.

Voilà ce qu'il était nécessaire que l'on sût au sujet des divers Titres que portent en France les Drames du Théâtre lyrique. Personne ne les avait encore définis. Si tout ce que j'en ai dit était susceptible de quelques exceptions , c'est à l'usage seul qu'il appartient de les faire sentir.

De quelle manière on doit écrire les Opéras-Sérieux.

Il me semble que le stile des Drames lyques doit être d'une douceur extrême. Qu'il soit coulant , sonore , mélodieux , & que rien ne l'arrête dans sa marche tranquille : en un mot, qu'on soit nourri de la lecture des ouvrages de Quinault , & quon s'éfforce d'imiter la manière élégante, simple & sublime dont ils sont écrits. Je sais qu'il est des gens qui prétendent que le stile des Opéras-sérieux peut être *poëtique*, c'est-à-dire mâle, nerveux, & plein de force, comme celui qu'on admire dans les Tragédies du grand Corneille : mais ils sont bien dans l'erreur. Quel parti la musique tirerait-elle du sublime ? Comment ferait-elle valoir une pensée qui emprunterait toute sa force de la manière dont elle est exprimée ? Soyons certain que les grands mots, ou pour parler plus juste, le sublime du stile, ne seront jamais sentis en musique. Il faut au Musicien des paroles douces & tendres, qui cachent sous une simplicité apparente des pensées grandes & majestueuses. Quinault connaissait bien le genre du Spectacle qu'il a formé ; & Lully qui ne put s'accommoder de Corneille, le connaissait bien aussi. Concluons que celui qui voudrait écrire un Opéra-sérieux avec autant de force & de poëtique qu'en exige la Tragédie récité, ne travaillerait point dans le genre de Quinault ; il pourrait faire de beaux vers, mais il ne ferait point des vers lyriques.

Lorsque de nos jours on voit paraître un Drame nouveau sur le Théâtre de no-

tre Opéra-férieux , le ftile en eft fi froid ,
fi languiffant , fi monotone , qu'on en eft
bientôt dégoûté. (59) Les Poèmes chantans qu'on a repréfenté depuis quelques
années à la Cour , ont fur-tout le défaut
de la féchereffe & des anti-thèfes. Les Poètes lyriques de nos jours , en voulant faire dire à leurs perfonnages une penfée
galante ou fpirituelle , leur mettent fouvent dans la bouche des complimens en-
tortillés , d'une fadeur èxtrême , ou des
jeux de mots ridicules: eft-ce donc là l'image
de la nature ? Les hèros de l'Opéra ne
doivent-ils pas s'èxprimer ainfi que le
refte des hommes? On s'apperçoit d'ailleurs
que nos lyriques actuels fe donnent la torture afin d'être concis. Ils écrivent avec
tant d'art , qu'on peut foutenir fans crainte de fe tromper , que la mufique & la
danfe font toujours au deffus des paroles :
Eh ! que deviendrait fans leurs fecours la
plus-part de nos Opéras modernes ?

    J'ai rapporté en-général les principales
chofes qu'il eft bon de faire remarquer
au Poète qui veut travailler pour l'Opéra-
férieux : il trouvera encore dans les matières que je me propofe de traiter dans

---

(59) On écrivait ceci en 1766.

les Chapitres suivans, des articles qui le concerneront, & qui pourront peut-être servir à le diriger dans ses travaux.

Tout ce que je viens de dire doit montrer que le Théâtre lyrique est fondé sur des règles assez difficiles, contre la commune opinion : je prouve de plus que celui des Français est digne de plaire, non-seulement à ceux qui ne chérissent que la magnificence du Spectacle ; mais encore à l'homme de goût.

Bien des choses nuisent à l'Opéra-Sérieux

Fesons part maintenant des inquiétudes que me donne avec sujet le Théâtre lyrique des Français. Tant de choses conspirent à lui ravir l'estime générale, qu'il est bien difficile qu'il puisse l'obtenir. Qu'on ne pense pas qu'aucun mauvais motif m'engage à parler de la sorte : je découvre le mal en souhaitant qu'on y apporte un prompt remède.

La petitesse de sa salle le fait mépriser des Etrangers.

La petitesse de nos Salles de Spectacles ; & sur-tout de celle du grand-Opéra, ré-

volte juſtement tous les étrangers. La
Salle d'un Spectacle ſi magnifique devrait
être proportionnée aux merveilles qu'on
y repréſente. Il eſt certain que le peu
d'eſpace que contient le Théâtre lyrique,
nous empêchera toujours d'égaler l'éclat,
la magnificence des Opéras d'Italie, &
des Cours étrangères. Si nous l'empor-
tons par nos danſes & la variété de nos
Décorations, nos voiſins nous ſurpaſſent
par la vaſte étendue de leur Théâtre, qui
prête plus de grandeur & d'illuſion à tout
ce qu'on y repréſente. Pourrions-nous faire paraître réellement ſur la Scène cent
Cavaliers montés ſur des chevaux ſuper-
berbes, comme on fait ſouvent à Ma-
drid, à Vienne & à Turin ? A peine un
petit nombre d'Acteurs ont-ils la liberté
de ſe mouvoir ſur le Théâtre, qui devrait
être le plus vaſte de France. Oſerons-
nous comparer notre Théâtre lyrique à
celui de Veniſe, de Turin & d'Eſpagne ?
Les Salles de ces différentes Villes ſont
èxtrêmement grandes, auſſi voit - on la
Scène occupée par un nombre conſi-
dérable d'Acteurs ; & la moindre décoration y frappe-t-elle davantage. Nous ne
pouvons ſûrement pas ignorer combien
la petiteſſe de nos Salles nous décrie chez

les Etrangers ; il était à préfumer que nous nous corrigerions, & que nous ferions voir à l'Europe qu'il ne tient qu'à nous d'être magnifiques dans nos édifices publics. Cependant la nouvelle Salle que l'on conftruit pour le grand-Opéra, ne fera guères plus vafte que celle qui vient d'être brûlée. Nous voulons, fans doute, que nos Ouvrages dramatiques foient plus célèbres que nos Théâtres, au lieu que les Salles de Spectacles des Etrangers méritent fouvent plus d'attention que leurs Drames. Mais venons à des caufes plus vifibles qui tendent à occafionner un jour parmi nous la décadence du grand-Opéra; caufes que l'on peut détruire fans être obligé de dépenfer des millions.

L'Opéra-Sérieux n'eft plus auffi goûté que du tems de Louis XIV.

Nous n'avons que trop lieu d'être convaincus que l'Opéra-héroïque ne fait plus la même fenfation que du tems de Louis XIV. La Salle eft très-fouvent remplie ; mais le public n'y court avec affluence que par ce qu'il lui faut un amufement ; & que par ce que tout Paris ne peut pas jouir à la fois des Spectacles qui font en droit de lui plaire. Les danfes , les machines , les décorations , attirèrent d'abord une foule de curieux ; on s'eft accoutumé infenfiblement à la vue de tant de prodiges.

Les Partifans de Lully & de Rameau travaillent à fa ruine.

La difpute qui s'eft élevée de nos jours au fujet de la mufique , lui fait perdre beaucoup de Spectateurs , ou du moins lui en ravira un grand nombre par la fuite. Les talens immortels de Rameau font admirés avec raifon ; mais fes zélés partifans s'égarent un peu en les comparant à ceux de Lully. Ce prémier Muficien du Théâtre lyrique a trouvé des défenfeurs jufques dans notre fiècle. Les deux partis fe difputent avec chaleur. Le parterre de l'Opéra eft fouvent le centre de leur efpèce de guerre civile. Ceux qui tiennent pour Rameau , s'écrient que la mufique de Lully eft pitoyable ; leurs clameurs fe font quelquefois entendre tandis qu'on éxécute les chefs-d'œuvres qu'ils ne peuvent fouffrir. Les *Lullyftes* de leur côté foutiennent que leurs adverfaires n'ont ni bon fens ni oreille ; & que la mufique

de Rameau ne réunit aucune des beautés
de celle qu'on cherche à dénigrer. Ainſi
chaque parti ſe flatte de remporter la
victoire. On ſe querelle, on s'injurie, &
perſonne ne s'entend. Pour moi qui ne
tient ni pour les uns ni pour les autres,
je vais propoſer mon avis, & tâcher de
concilier tous les ſentimens.

Réfléxions que devraient faire les deux partis.

Les Admirateurs outrés de Rameau devraient bien faire cette réfléxion : Lully
créa le Spectacle lyrique en France ;
ſon ſeul génie le ſoutint : peut-on s'empêcher d'eſtimer les talents qui s'élèvent, ſans avoir aucun modèle à ſuivre ?
Les Lullyſtes devraient ſe dire à leur
tour : laiſſons chanter les louanges de Rameau ; les goûts ſont changés, il a ſu
prendre celui de ſon ſiècle ; il viendra
un autre homme de génie, qui obſcurcira
peut-être à ſon tour la gloire de Rameau,
de même que ce Muſicien célèbre balance
la réputation de Lully.

Moyen de les calmer.

Après avoir raiſonné de la ſorte, qu'on

se garde de rien changer à la musique de Lully ; qu'on la laisse paraître telle qu'elle est ; & qu'on ne mêle jamais sur-tout de la musique nouvelle avec l'ancienne : un pareil assemblage ne sert qu'à faire faire des comparaisons, quelquefois au désavantage de l'une & l'autre musique.

Le Théâtre lyrique ne donne point assez de nouveauté.

Des raisons encore plus fortes me feraient appréhender la ruine de l'Opéra-Sérieux, si les talens & l'attention des Compositeurs de nos jours ne nous donnaient lieu d'espérer un heureux changement. Un Spectacle ne se soutient qu'en offrant souvent des nouveautés au Public ; & cependant des années entières s'écoulent sans que le Théâtre lyrique en donne une seule : qu'il agissait différemment le siècle passé ! Dans une année on voyait sur son Théâtre jusques à trois & quatre Pièces nouvelles : une pareille attention à réveiller la curiosité du Public, ne contribua pas peu à ses succès.

Trop peu d'Auteurs travaillent pour lui.

Encore si beaucoup d'Auteurs écrivaient pour

pour la Scène chantante, on espérerait
y voir souvent paraître plusieurs Poèmes éxcellens ; le génie de Quinault pourrait n'être pas tout-à-fait éteint ; quelque
Poète, perçant la foule, nous le ferait
peut-être admirer de nouveau. Mais le
nombre des Gens de Lettres qui consacrent au Théâtre lyrique quelques-unes
de leurs veilles, est malheureusement très-
peu considérable.

Quelles en sont les raisons.

J'en trouve facilement les raisons :
l'homme de génie n'est guères flatté de
partager sa gloire avec un Musicien, ou de
ne jouir même d'aucun applaudissement,
tandis que l'Artiste avec qui il est contraint de s'associer, est comblé de louanges & d'honneurs. Il retire aussi trop peu
du travail pénible de composer un Poème
lyrique. Le Drame en récit lui rapporte
trois fois davantage, & lui coûte moins
de peines ; parce qu'il n'est pas obligé de
se soumettre aux caprices d'un Musicien,
& de recommencer plusieurs fois tel morceau de son Poème. Et puis d'ailleurs,
l'Académie de musique a établi un usage
qu'elle devrait bien abandonner, puisqu'il

peut rebuter quelques-uns de ceux qui voudraient l'enrichir du fruit de leurs travaux. Les paroles des Drames qu'elle reçoit lui appartienent entièrement ; elle les fait imprimer à ses frais, & en retire tout le profit. Ainsi les Poètes lyriques sont non-seulement moins récompensés que ceux qui travaillent pour les autres Théâtres ; mais ils sont encore privés de ce qui leur reviendrait en fesant passer leurs Ouvrages à l'impression. Pourquoi le Compositeur a-t-il le droit de faire graver sa musique, & les paroles du Poème, tandis que le prémier Auteur ne retire d'autres profits de son Ouvrage que celui des représentations ?

Les nouveaux Directeurs, MM. Trial & Berton, paraissent vouloir remédier à une partie des inconvéniens dont je parle. Ils promettent aux Poètes lyriques d'augmenter les honoraires qu'ils doivent retirer de leur travail quand la fortune les y contraint. Le dessein des nouveaux Directeurs achève de nous prouver que l'homme de mérite se plaît toujours à encourager les Lettres.

Je n'ai pas encore relevé tous les désagrémens qu'éprouvent les Poètes en parcourant la carrière lyrique. La représentation d'un Drame sur les divers Théâtres, n'est retardée que par ce qu'il faut que chacun passe à son tour. La Scène lyrique n'a point tout-à-fait cette excuse à alléguer ; & pourtant les Pièces qu'on lui destine ne sont rendues publiques qu'après des longueurs infinies. Le Musicien est très-long-tems à les orner des richesses de son art ; les Acteurs chantans ont beaucoup de peine à apprendre leurs rôles ; & les Répétitions durent au moins trois mois.

Je demande si toutes ces difficultés, ces traverses, ces dégoûts, ont engagé beaucoup d'Auteurs à travailler pour le grand-Opéra ? Non sans doute ; & l'Académie de Musique ne laisse pas de s'en ressentir.

Les causes que je viens de rapporter de la sensation moins vive que fait ce beau Spectacle, & qui nous donnent peut-être lieu d'appréhender un jour sa décadence, toutes dangereuses qu'elles paraissent, ne sont encore rien en comparaison de la dernière dont je vais parler.

Dernière cause qui annonce peut-étre plus particulièrement la décadence de l'Opéra-Sérieux.

L'avourai-je ? ce qui pourra faire le

plus grand tort au Théâtre lyrique ; ce
qui nous préfage peut-être de loin fa perte
totale, fi l'on n'y met ordre, c'eft le nouveau Spectacle. Un tems peut venir que
fi Lully fortait de fon tombeau, il ne
faurait plus dans quel lieu faire entendre
fes accords.

*Qu'on devrait joindre l'*Opéra-Bouf-fon *au grand-Opéra.*

L'Opéra-Sérieux, court donc rifque en
France de ceffer entièrement de plaire un
jour, fi le projet qu'on forma, dit-on,
autrefois, qu'on a débattu fi long-tems,
n'eft mis au plutôt à èxécution ; car je ne
fais s'il fuffirait de retoucher un peu au
genre de fa mufique. Il faudrait donc réunir, ainfi qu'on l'avait fagement propofé,
le Spectacle moderne au Théâtre fondé par
Quinault pour la gloire des Arts. L'Opéra-
bouffon ferait alors placé bien plus naturellement que dans le féjour de la
Comédie récitée. Il eft tout fimple de
mettre la mufique avec la mufique ; on
formerait par cet heureux èxpédient un
Spectacle lyrique complet. Après le chant
férieux, on pafferait à la mélodie bouffonne ; de même que les Drames de Corneille font remplacés par de petites Co-

médies : à *Théſée*, ou à *Caſtor & Pollux*,
on verrait ſuccéder avec plaiſir ſur le même
Théâtre : *On ne s'aviſe jamais de tout*, ou
le Sorcier, &c. N'oublions pas qu'il n'eſt
peut-être que ce ſeul moyen de conſerver
en France le grand-Opéra dans tout ſon
éclat.

Si le nouveau Théâtre ſurpaſſe le Spectacle lyrique.

Il ſe préſente ici une queſtion importante ; ſavoir ſi l'on doit préférer notre
Opéra-bouffon aux Poèmes de Quinault.
J'avertis que je ne vais conſidérer ici nos
deux diverſes eſpèces de Poèmes lyriques que par rapport aux paroles & aux
différentes beautés que renferme leur action.

On n'a point juſques à préſent tant cri-
tiqué notre Spectacle favori que le grand-
Opéra. Lorſque même ce dernier Théâtre était le plus couvert de gloire, des
eſprits critiques ou trop difficiles s'éle-
vèrent contre lui de toutes parts. Les uns
ſe moquaient de voir danſer les Diables &
les Furies ; les autres riaient de voir des
ſoldats s'égorger en chantant. Ils ne con-
ſidéraient pas que l'Opéra ne s'écarte
alors nullement de ſon genre , qui ne pro-

met que du merveilleux & de l'èxtraor-
dinaire. D'ailleurs tous ceux qui s'avisent
de critiquer l'usage de la musique dans ce
Spectacle superbe , devraient bien s'appercevoir que le chant au Théâtre de l'O-
péra-sérieux , est l'image de la parole ; &
que si le chant est quelques fois ridicule
dans certains cas , il n'est guères moins
naturel que la déclamation empoulée de
nos Acteurs tragiques. (60) D'autres Censeurs lui reprochaient , & lui reprochent
encore , que ses personnages sont toujours amoureux & fades, & que ses Poèmes
ne sont rempli que de maximes galantes.

Il est certain que les Héros de la Scène
lyrique sont trop tendres & trop langou-
reux ; il faudrait les peindre avec des
couleurs plus mâles , & leur donner la
grandeur , la magnanimité de la Tragédie en récit : on éviterait par là ces maximes d'amour , qui révoltent les gens

---

(60) Dans le *Dictionnaire de Musique* , par J. J. Rousseau , on lit au mot OPÉRA des choses fort curieuses
& fort sensées sur l'union de la musique à la Poësie ,
qui prouvent que cette union n'est point si bisarre au
Théâtre de l'Opéra , où tout doit être merveilleux ;
mais qu'elle est au contraire fort naturelle. Je ne
puis mieux faire que de renvoyer sur ce sujet à
l'Article intéressant dont je parle.

scrupuleux. Les sujets des Drames chantans ne respireraient plus tant l'indécence,
parce qu'il y serait moins question de tendresse. Cependant ne pourrions-nous pas
croire que Quinault n'a tant mis la galanterie en jeu, que pour favoriser le Musicien, & afin qu'il lui fût possible de répandre de la variété dans sa musique ? Si
cela était, on aurait tort de lui faire son
procès ; il ne serait coupable que pour
avoir voulu porter trop loin le genre naissant de l'Opéra.

    Puisque sans le vouloir, je défends no-
tre Opéra-Sérieux, on doit en conclure,
qu'il est donc facile de répondre à toutes les critiques qu'on a faites à son sujet.
St. Evremond n'écrivit contre lui que de
belles phrases, que des jeux de mots.
J. J. Rousseau n'a pu nous faire croire
qu'un Théâtre pour lequel il travailla avec
succès fût aussi méprisable qu'il a voulu
le persuader, sans doute par modestie.
Boileau, que j'aurais du citer le prémier,
n'a point épargné non plus notre Opéra-
Sérieux : il avait ses raisons ; l'aimable
Quinault consacrait ses veilles à ce Spectacle. Mais qu'il est faible dans les critiques qu'il lança contre ce Théâtre, afin
de nuire à Quinault par contre-coup !

Voici un des traits que décocha notre satirique : « On ne saurait, (dit-il) jamais » faire un bon Opéra, parce que la mu- » sique ne saurait narrer, que les passions » n'y sauraient être peintes dans toute » l'étendue qu'elles demandent ; & que » d'ailleurs elle ne saurait souvent mettre » en chant les expressions vraiment su- » blimes & courageuses ». Ce n'est point ici le lieu d'éxaminer ce raisonnement peu approfondi. Il me semble qu'il ne prouve rien ; s'il prouvait quelque chose, ce serait autant au défavantage du Lyrique-Bouffon que de l'Opéra-Sérieux, puisqu'ils employent tous les deux le secours de la musique.

Afin de mieux faire sentir le mérite de l'un & de l'autre ; afin de mieux faire connaître quel est celui qu'on doit préférer, fesons un parallèle éxact des deux Spectacles. Sur tout gardons-nous de rien embellir, de rien défigurer aux dépens de la vérité. Présentons naïvement les objets tels qu'ils sont. Tâchons que ceux qui tiennent pour les différens genres lyriques, soient contraints d'avouer que l'on rend à chacun de ces genres la justice qui lui est due.

Parallèle de l'Opéra-Bouffon avec l'Opéra-Sérieux.

On ne peut difconvenir que le Spectacle du grand-Opéra ne foit magnifique ; celui de l'Opéra-Bouffon n'offre fûrement rien qui foit digne de lui être comparé. L'un nous tranfporte dans un Pays enchanté ; tous les objets qu'il préfente à notre vue font autant de prodiges : l'autre nous fait voir la mifère de ceux qui habitent nos campagnes, ou l'indigence du menu Peuple ; fi quelquefois il enrichit fes décorations, s'il lui arrive d'annoblir fon genre, il eft toujours de beaucoup au-deffous du magnifique Théâtre qu'il veut imiter. Celui-ci poffède l'Art de fe varier, il nous découvre à chaque inftant des beautés nouvelles : on eft en droit de reprocher à celui-là une trifte uniformité ; il met plus volontiers en action des Payfans & des Ouvriers, des Ouvriers & des Payfans. La Scène de l'Opéra-Sérieux eft couverte d'une multitude d'Acteurs, qui paraiffent habillés par les mains de la richeffe & du goût ; fes Balets font les plus beaux de l'Europe, & compofés des plus fameux Danfeurs : l'Opéra-Bouffon n'em-

L v

ploye communément que trois ou quatre
Perſonnages, aſſez mal vêtus ; & je ne
crois pas que ſes danſes ayent l'éclat &
les attraits de celles de ſon rival. Le prémier élève l'âme de ſes Spectateurs ; il
les conduit dans des Palais ſomptueux,
dans tout l'Univers, & juſques dans l'O-
limpe ; il les fait s'entretenir avec des
Héros & des Dieux : le ſecond ſe traînant plus particulièrement parmi la vile
populace, ne montre preſque toujours à
nos regards que de miſérables chaumiè-
res ; & nous fait ſouvent converſer avec
des Ruſtres & des Artiſans. Le ſtile de
l'un eſt noble & poètique, malgré même
le galimatias & les pointes dont le rempliſſent quelques Auteurs modernes : l'autre ne s'exprime que baſſement, & met
en uſage les quolibets & les façons de parler de la populace. Si l'on trouve de l'indécence dans les Drames de Quinault, on
ne l'entre-voit que dans certaines maximes, & tout au plus dans une Scène entière : au-lieu que la plus part des Sujets
du nouveau Théâtre ſont d'une licence
révoltante ; & que pluſieurs de ſes Poèmes ſont d'un bout à l'autre rougir la
vertu.

*Le nouveau Théâtre l'emporte par
le genre de sa Musique.*

Je me serais bien gardé de tracer un parallèle aussi singulier, si je ne me piquais d'écrire pour dire la vérité : j'ai cru qu'il me fallait raisonner, & non suivre les caprices du siècle. On doit admirer la violence que j'ai faite à mes sentimens. Mais si le Spectacle moderne perd du côté des paroles ; si son Drame, dénué de musique, ne peut être comparé à ceux de Quinault & des autres Poëtes lyriques ; convenons en revanche qu'il les surpasse de beaucoup lorsqu'il est accompagné du chant, & des charmes de l'harmonie. Sa musique enjouée & bouffonne le récompense avantageusement de ce qui lui manque ; elle le rend certain de l'emporter sur l'Opéra-Sérieux ; tant que le goût de la Nation ne changera pas.

CHAPITRE III.

De la Musique Française & Italienne.

Ce que j'entreprends est rempli de difficultés qui pourraient effrayer les plus

hardis : je veux éſſayer de les vaincre ;
non que je préſume trop de mes forces ;
mais parce que j'eſpère qu'on èxcuſera
mon entrepriſe en faveur du motif. Tâ-
chant de ne rien oublier d'èſſentiel dans
cet Ouvrage, je dois parler des deux
genres de muſique qui diviſent toute la
France. Les Auteurs qui l'ont fait avant
moi ſe ſont très-peu entendus, ou n'ont
ſuivi que leurs opinions : ſi le vrai ſe
découvre quelquefois dans leurs Ecrits,
c'eſt une faible lueur qui brille au milieu
de la nuit, & qui nous échappe bientôt.
Sans marcher ſur leurs traces, voyons
s'il eſt poſſible de raiſonner juſte, & de
diſcerner la vérité, qu'ils ont environnée
de tant de nuages.

Dans la crainte qu'on ne m'accuſe d'écrire
ſur un être imaginaire en parlant de la muſique Françaiſe, je dois démontrer que
nous en avons une, digne même d'être
comparée à celle dont s'énorgueillit l'I-
talie. Le Philoſophe immortel qui fait
tant d'honneur à notre ſiècle, rira de
mon ſentiment : ſans ôſer combattre ce
grand homme, je vais propoſer mes
idées ; s'il trouve que je ſois dans l'erreur,
il daignera me faire grâce ; il ſait trop
que les malheureux humains ſont ſujets
à ſe tromper.

Que nous avons une Musique ainsi que les Italiens.

Chaque Peuple de l'Univers a une Musique qui lui est particulière. Le Lapon qui vit sous la neige, & l'Africain brûlé par le soleil, connaissent les charmes de l'harmonie. Les Sauvages les plus féroces chantent une espèce de Chanson, & se réjouissent au bruit de certains instrumens. Mais les Nations les plus policées sont celles qui doivent exceller davantage dans la musique ; car la connaissance des Arts, & sur-tout de ceux qui tiennent à la frivolité, n'est venue qu'à mesure que les lumières se sont agrandies, & que le luxe a fait des progrès. Les Peuples de l'Europe sont actuellement ceux qui ont éprouvé ces diverses révolutions ; il est donc clair qu'ils ont beaucoup perfectionné la musique. Pourquoi les Français seraient-ils les seuls exceptés ? On me dira que les différens climats fesant varier le génie, l'*instinct* des Habitans de chaque Contrée ; il est peut-être impossible aux différentes Nations de s'imiter les unes-les-autres. Si cela était ainsi, nous n'aurions point à rougir d'avoir chez

nous des Compositeurs moins habiles
qu'en Italie, supposé que nos Musiciens
eussent réellement moins de talens : quand
on ne doit son mérite qu'à la vertu du
climat sous lequel on vit, on n'a pas
trop lieu de se glorifier.

Il s'en suit toujours que nous possé-
dons une musique perfectionnée, telle
que nos mœurs l'éxigent, & qui nous
peint au naturel : sa marche grave & quelquefois légère, est l'image du Français
tout-à-la-fois raisonnable & frivole. La
musique des Italiens les représente tels
qu'ils sont toujours; elle est bouffonne &
sémillante ainsi que leurs manières. Examinez d'un œil de Philosophe un Italien
& la musique qu'on chérit dans sa Patrie;
vous serez surpris de la parfaite ressemblance que vous trouverez entre-eux. Il
en est de même de toutes les connais-
sances & de tous les usages; ils ont de
l'analogie avec la Nation qui les adopte.

Que notre Langue n'est point si méprisable qu'on veut la faire paraître.

Quelques Savans ont ôsés soutenir de
tout tems, que la Langue Française n'é-

tait point propre à la mufique. On a vu
dans le Chapitre du grand-Opéra combien l'on eut de peines à fortir de cette
erreur. Dès qu'on fe fut apperçu que
notre Langue était fufceptible de mélodie, on ne voulut plus écouter que des
Opéras Français; peut-être que fi on
nous prouvait un jour que nous fommes
capables de compofer d'éxcellente mufique, cefferait-on de même de tant chérir
l'Italienne. Qu'a donc notre Langue de fi
dur, de fi barbare? n'eft-elle pas généralement eftimée? Les Etrangers s'appli-
quent à l'apprendre; on la parle dans
toutes les Cours de l'Europe : fi elle était
auffi ftérile, auffi méprifable qu'on le
prétend, ferait-il croyable qu'on l'accueillît
par-tout?

Que la Langue Françaife eft plus douce que celle des autres Peuples de l'Europe.

Du moins fi notre mufique ne peut
prétendre le prémier rang dans l'eftime
de tous les connaiffeurs, à caufe de la féchereffe prétendue & de la dureté imaginaire de l'idiome auquel elle eft affociée;
du moins, dis-je, a-t-elle lieu de fe flatter

d'obtenir le fecond. Je donne le pas pour
un inftant à la mufique Italienne ; faudra-
t-il le céder encore à la mufique de quelque autre Peuple ? Il n'eft aucun préjugé ,
aucune envie de fe diftinguer par des opinions fingulières qui puiffent porter qui
que ce foit à avancer une chofe auffi abfurde , auffi fauffe. Nos Vers ne font-ils
pas plus doux , plus fonores que ceux des
Anglais , des Efpagnols , & fur-tout que
ceux des Allemands , qui fe prétendent
grands Muficiens ? Notre Poéfie réunit
un avantage que celle d'aucun Peuple ne
faurait lui difputer : notre rime féminine ,
en variant les Sons , répand dans nos Vers
une douceur infinie. Notre Profe eft élégante , forte , gracieufe. Nous ne déchi-
rons point les oreilles par une multitude
de doubles , de triples confonnes , & de
H afpirées ; ainfi que l'Angleterre , l'Allemagne & la Hollande. Les fuperlatifs
entaffés les uns fur les autres ; les façons
de parler gigantefques & empoulées des
Efpagnols , les empêchent peut-être de
nous difputer l'avantage de bien écrire.
Les inverfions de la plus-part des langues
étrangères , qu'on regarde comme un mérite , font au contraire un très-grand défaut. Elles rendent le fens moins clair , &

fatiguent l'esprit, qui est obligé de mettre sur le champ chaque mot à sa place. L'arrangement symétrique de notre Prose est plus dans la nature ; la pensée se développe d'elle-même. La musique doit gagner à une construction si coulante, & si analogue à la façon dont parlent les hommes. Nous sommes donc les seuls, après l'Italie, qui excellions dans la musique, puisqu'on la fait dépendre de la beauté d'une langue, ce qui peut être vrai pour le chant, & jamais pour la Symphonie.

Examinons maintenant s'il nous serait possible de nous élever un peu au - dessus des Italiens, ou de marcher au moins de pair avec eux.

Que notre Langue l'emporte même sur la Langue Italienne.

Je ne sais pourquoi l'on a prétendu que leur Langue était plus agréable que la nôtre. Elle est loin, selon moi, d'approcher de l'élégance & de la douceur du langage Français. Elle est remplie de faux brillans & d'anthitèses. Qu'on a sujet de la trouver pauvre & stérile, en comparaison de celle qu'on ôse lui préférer ! Son principal mérite est d'avoir retenu quelquefois la construction latine ; mais je crois avoir prouvé en peu de mots que les inverſions des membres d'une phraſe répandaient de l'obſcurité dans le diſcours ; & que la Nature éxige qu'on èxprime ſes idées dans le même ordre, & avec autant de clarté qu'on les conçoit. La langue des Italiens offre toujours à l'oreille les mêmes terminaiſons. Tous ſes mots finiſſent en *a e i o ou* : non-ſeulement pluſieurs phraſes riment enſemble , mais ſouvent pluſieurs mots de ſuite. Je demande à ces gens délicats , qui ont tant de peine à écouter les ouvrages de nos Compoſiteurs , s'il réſulte d'un langage auſſi rimé une harmonie agréable ? On ſe rebute enfin de n'entendre ſonner à ſes oreilles que les finales *i* , *o* , *a*. Des chûtes ſi fréquentes forment une èſpèce de charivari , ſur-tout pour ces gens que le moindre bruit peu harmonieux choque & fatigue.

Un chant qui appuie ſur les mêmes terminaiſons doit être dur.

Il eſt difficile que le chant compoſé ſur de telles paroles ſoit tout-à-fait d'une douceur èxtrême , & qu'il réuniſſe tous les charmes poſſibles. Quelque art qu'em-

ploye le Muſicien , il eſt contraint d'ap-
puyer ſur bien des mots , & par conſéquent de faire arriver trop ſouvent les
mêmes ſons. On dirait que les Italiens ne
ſentent pas le mauvais éffet qui en réſulte,
ou que le genre de leur muſique les empêche de l'éviter ; ils pèſent ſouvent ſur
la plus-part de leurs finales , & font ainſi
appercevoir combien elles ſont peu va-
riées. Je le répète , cet aſſemblage des
mêmes ſons donne au chant une eſpèce
de dureté ; ſi l'on veut écouter les Arriettes Italiennes avec attention , l'on en con-
viendra bien tôt. Leur *e* , *i* , *o* , *ou* , détruiſent l'harmonie , parce que l'oreille
délicate ne ſaurait entendre long-tems des
terminaiſons trop fréquentes , ſans être
rebutée. Ceux qui ont prétendu que la
muſique d'Italie valait mieux que la nôtre ,
n'ignoraient pas les défauts qui gâtent ſon
chant , qu'on peut appeller des vices de
terroir ; mais l'eſtime qu'on conçoit ordinairement pour tout ce qui eſt loin de
nous , ou l'envie de ſe diſtinguer , les a
porté à ſoutenir un ſyſtême hazardé.

Notre Langue n'eſt point ſi rimée que la Langue Italienne.

Balancera-t-on encore à croire notre

Langue moins mélodieuse ? La Rime dans
sa Prose serait une faute impardonnable ;
ce n'est que dans les Vers qu'on lui permet de paraître, encore prend-elle tant
de formes diverses, qu'on la voit toujours
avec un nouveau plaisir. Nous éloignons
avec soin les mêmes chûtes de phrases,
les mêmes sons. Notre style marche d'un
pas égal, rien ne l'arrête : il est semblable
au ruisseau qui coule sur un sable fin. Chaque membre de nos périodes, en con-
tentant l'esprit, charme l'oreille par les
diverses infléxions & consonnances qu'il
lui fait entendre. En un mot, notre Langue est un mélange gracieux de sons différens ; combinés avec art, ils se varient
à l'infini, & forment une harmonie délicieuse.

Il est clair que la langue Italienne ne
saurait nous en offrir autant. Je n'éxamine
pas si elle est plus accentuée que la nôtre ;
il est certain que nous avons aussi un
grand nombre de Sillabes longues & brè-
ves, que les personnes qui parlent bien
ont soin de faire sentir, & que les Auteurs de nos jours commencent à marquer
dans leurs Ouvrages, en employant fré-
quemment les accens ou les signes qui
indiquent la manière de prononcer les

mots. Il suffit aussi de lire nos bons Poètes pour connaître que notre langue sait même très-souvent peindre les choses qu'elle èxprime. Nous avons donc une mélodie agréable , que nous pouvons porter pour le moins aussi loin que celle des Italiens. Je n'ôse affirmer que nous jouissions déjà de nos succès. J'aime mieux les faire voir dans l'avenir. Je ménage par ce moyen les énnemis de notre musique. Mais le présent doit leur faire juger de ce que nous avons lieu d'attendre.

Nos Musiciens sont les seuls qui èxcellent dans les petits airs.

Les Français èxcellent dans la composition des petits airs. J'ai dit plusieurs fois que nous tournons un Vaudeville , un couplet , tendre ou malin , mieux qu'aucun peuple de l'Europe ; nous avons encore une autre supériorité ; les Italiens même ne sauraient se flatter de composer si bien que nous , ce qu'en musique on appelle *petits-airs*. Peu de Notes nous suffisent pour attraper ce chant simple & gracieux , qui peint au naturel un sentiment.

La France peut se vanter d'avoir de célèbres Compositeurs dans le genre héroïque.

Plus j'y réfléchis , moins je conçois les raisons qui nous ont fait accuser d'être mauvais Musiciens , & de parler un idiôme tout-à-fait incapable de se prêter aux modulations & aux mouvemens de la musique. La France n'a-t-elle pas lieu de se glorifier depuis long-tems d'avoir vu naître dans son sein une foule de Compositeurs célèbres dans le genre héroïque ; c'est-à-dire , même dans un genre , où l'on a eu le plus sujet de nous critiquer? Je pourrais placer ici uu nombre infini de noms immortels ; mais je me contenterai de citer trois ou quatre de nos plus fameux Musiciens. *La Lande* jouira toujours d'une réputation dont rien ne ternira l'éclat ; on èxécute même en Italie la plus-part de ses Motets. Observons à propos des Motets de Lalande , que notre musique d'Eglise est beaucoup au-dessus de celle de nos rivaux , par sa noblesse , son énergie & la force de son èxpression. Mais revenons aux Musiciens célèbres de la France. *André Destouches* fit les délices du siècle éclairé

de Louis XIV. On admire dans ſes Ouvrages un chant naturel & gracieux.
Campra ſut marcher ſur les traces de nos
illuſtres Compoſiteurs ; il excella dans la
Mélodie & dans les Accompagnemens.
Rameau ne fait-il pas honneur au ſiècle
où il vivait , à ſa patrie & à l'art enchanteur qu'il perfectionna en partie ? Son ſyſtême de la Baſſe-fondamentale eſt une
découverte importante ; nos voiſins mêmes l'ont applaudi : avec quelle ſurpriſe
ont-ils dû voir un Compoſiteur Français
exceller , non - ſeulement dans ſon Art ,
mais y porter une lumière , & l'enrichir
de beautés dont on ne l'aurait jamais cru
ſuſceptible ? Il me paraît que les Italiens
mêmes rendent plus de juſtice aux talens
de Rameau , que la plus-part de ſes Com-
patriotes. Ils ont traduit dans leur Langue
quelques-uns de ſes chefs-d'œuvres , afin
de pouvoir les repréſenter plus facilement.
Zoroaſtre eſt un des grands Opéras auxquels ils ont fait cet honneur. On voit
entre autres en France la Partition de cette
Pièce gravée en Italie , & dont les paroles ſont traduites : on la trouve dans
pluſieurs de nos Bibliothèques , & particulièrement dans celle de M. le Comte
de P ***.

Quelle eſt la Langue qui a fourni aux Campra, aux Rameau, des paroles ſur leſquelles ils ont compoſés tant de chefs-d'œuvres ? C'eſt la Françaiſe. Elle n'eſt donc point ſi dure, ſi peu mélodieuſe qu'on le prétend. Quinault a prouvé depuis long-tems l'énergie & la légèreté dont elle eſt ſuſceptible ; ſes Drames ſont auſſi lyriques que ceux des Italiens.

Obſervations ſur Lully.

Il me ſerait facile de faire voir que la muſique de l'Opéra-Sérieux nous vient directement d'Italie ; ce ſerait de *Lully* que je tirerais toutes mes preuves. Sans entrer dans aucune diſcuſſion à ce ſujet, il me ſuffit, pour la gloire de notre Langue, que Lully n'ait travaillé que ſur des paroles Françaiſes. Il eſt ſingulier qu'un Italien ait mis avec beaucoup de ſuccès pluſieurs de nos Drames en muſique, & que des Français s'éfforcent enſuite de ſoutenir que leur Langue n'eſt ſuſceptible d'aucune harmonie ; ils veulent encore qu'il n'y ait que la muſique Italienne de paſſable, ſans conſidérer que c'eſt directement des Italiens qu'ils tirent la leur. Quand il ſerait vrai que Lully ne porta chez nous que l'enfance

de

de la musique Italienne, & que cette musique n'est plus absolument en Italie ce qu'elle était de son tems ; on aurait toujours tort de mépriser totalement notre Opéra-Sérieux. Je demande si la musique de ce brillant- Spectacle est de nos jours ce qu'elle était autrefois ? Les habiles Compositeurs que j'ai cités, & ceux qui se distinguent actuellement, ne l'ont - ils pas rendue moins lente & plus èxpressive ? Elle a d'ailleurs une noblesse, une grandeur très-convenables au Théâtre où elle est employée & qui la distinguent avec avantage de celle des autres Spectacles lyriques.

Tout nous prouve que notre Langue se prête aux mouvemens de la Musique.

On ne saurait prétendre actuellement que nous n'avons aucun goût pour la musique légère, & que notre langue ne saurait se prêter à ce qu'elle éxige. L'Opéra-Bouffon nous rétablit dans nos droits. Nous composons des Ariettes dont le chant brillant & animé, inspire la gaité. Un nombre infini de Musiciens Français ont composés de nos jours des Ouvrages célèbres, dans lesquels on apperçoit autant

de grâces & de légèreté qu'en réunit la
muſique des Italiens. On peut comparer
notre chant gracieux, enjoué, aux morceaux lyriques les plus fameux qui ſont
répandus dans les Drames bouffons de
nos Rivaux. Je crois que *le Peintre amoureux de ſon modèle ; le Roi & le Fermier,
Tome-Jones*, ſoutiendraient un parallèle
avec *la Serva-Padronna, la Dona ſuper-
ba, &c.* S'ils ne les égalaient pas par la
beauté du chant, on verrait au moins que
la Langue Française eſt ſuſceptible de mélodie.

La Traduction littérale que M. *Favart*
a faite de *la Serva-Padronna*, nous prouve
depuis long-tems que notre Langue eſt auſſi
mélodieuſe, auſſi chantante que l'Italienne, puiſqu'on n'a fait aucun changement
à l'éxcellente muſique de cette Pièce,
pour l'aſſujettir à des paroles Françaiſes ;
cette vérité, qui eſt ſous les yeux de tout le
monde, détruit ſans reſſource les critiques
& les ſophiſmes de ces hardis Ecrivains,
qui refuſant de ſe rendre à la raiſon,
doivent céder à l'évidence.

*Que nous ne ſommes pas les hum-
bles Copiſtes des Italiens.*

On m'objectera, ſans doute, que j'ai

grand tort de tant crier à la merveille, puifque nous ne fefons que copier aujourd'hui les Italiens dans le nouveau genre de mufique que nous adoptons. Quand ce reproche ferait auffi vrai qu'il eft faux en plufieurs points, nous ne mériterions pas moins d'être eftimés. Mais appellera-t-on ferviles imitateurs ceux qui ajoutent aux chofes qu'ils copient des ornemens qui leurs étaient étrangers ? Il eft vrai que nous avons d'abord fidèlement imité la mufique Italienne ; y joignant enfuite des qualités particulières à la nôtre, nous en avons prefque fait une mufique nouvelle. Je veux pour un inftant que nous ne foyons que d'humbles Copiftes ; il s'enfuit toujours que les critiques dont on a cherché à nous accabler, font injuftes, & que tant de raifonnemens, qui tendaient à nous ôter jufqu'à la moindre efpérance de connaître la Mélodie, font tombés en pure perte.

Il eft fi vrai que nous pouvons compofer de la mufique purement dans le goût Italien, fitôt que nous voulons nous y appliquer, qu'un Français, dont les talens font très-connus, vient de mettre en mufique un Opéra Italien, repréfenté à Londres avec le plus grand succès. Ce qu'il y a de plus singulier, c'est que M. *Barthelemon* dont je parle, est actuellement à Milan, (61) où l'on va donner un nouvel Opéra de sa composition. Que vont dire ceux qui regardent encore les Français comme des Ecoliers en musique?

Qu'on peut marquer en quoi notre Musique en général diffère de celle d'Italie.

J'ai fait mon possible afin de répondre à ceux qui dépriment notre Langue & nos talens. Il me semble avoir montré qu'ils sont dans l'erreur, ou qu'ils faignent de ne pas s'appercevoir de leurs torts. Les raisonnemens qu'il m'a fallu faire pour les combattre, & les preuves que j'ai alléguées, m'ont conduit plus loin que je ne pensais.

J'entreprends maintenant de marquer en quoi notre musique en général diffère de celle des Italiens; c'est-à-dire que je veux essayer de les faire connaître l'une & l'autre, de manière qu'on puisse les distinguer. Cet Article ne sera pas un des

____

(61) En 1767.

moins curieux de mon Livre. On a toujours cru que la musique Italienne & la
nouvelle musique Française étaient tellement confondues ensemble, qu'il serait
très difficile de donner à chacune les
qualités qui la différencie. Les habiles
gens que j'ai eu soin de consulter, m'ont
tous répondu, qu'on sentait bien ce que
notre Mélodie & nos Accompagnemens
avaient de particulier ; mais qu'on ne
saurait l'exprimer. Ce que j'ai entre-vu
dans leurs discours ; ce que mes réfléxions
m'ont appris ; m'encouragent à risquer
une définition claire & précise de la musique Française & Italienne.

Caractère primitif du chant Français.

Il est sensible que notre mélodie est
tout-à-fait simple ; elle approche beaucoup
de la Nature : elle adopte le genre *Diatonique* ; celle des Italiens suit le *Chroma-
tique*. Le prémier de ces deux genres est
digne de plaire à ceux pour qui le beau naturel a des charmes : sa modulation pro-
cède d'une suite de Sons liés ensemble
sans violence ; c'est-à-dire conformément
à ce que la Nature nous enseigne, &
qu'on observe pour peu qu'on ait l'o-

reille & l'organe de la voix justes. L'autre, au contraire, se plaît à déranger
l'ordre naturel qui doit se trouver entre
les Sons, en les haussant ou les baissant
par des Dièses ou des Bémols. Il s'ensuit
de-là que notre musique est toujours très-
chantante, & que ses Airs sont aussi très-
faciles à retenir. Nos Compositeurs ne
cherchent point à former de vains bruits ;
ils suivent une modulation douce, & ne
la varient que rarement. Ils retirent de
cette aimable simplicité un avantage précieux ; tous leurs morceaux de musique
sont d'abord retenus ; pour savoir les
chanter, il suffit d'avoir pu les entendre
un instant.

Ce qui caractérise le chant Italien.

Les Compositeurs d'Italie répètent vingt
fois dans leur chant des phrases entières,
même un seul mot. Ils donnent la torture
aux paroles qu'ils employent. Ils font souvent des Roulades ou des Poses sur des
mots vides de sens. Leur mélodie marche
en sautillant, ils font passer le chant par
tous les Modes possibles ; d'un Ton bas,
ils se transportent tout-à-coup au Ton le
plus haut ; & aucune nuance, aucune

gradation n'adoucit un pareil écart. En un mot, le chant dans le goût Italien reſſemble plutôt à des cris qu'aux accens naturels de la voix ; on ne le retient qu'avec beaucoup de peine ; on ne peut le faire valoir qu'après une pénible étude.

Voici encore une différence ſenſible de notre muſique d'avec celle des Italiens. Les Compoſiteurs d'Italie ne s'attachent jamais à faire valoir les paroles modu-lées ; ils ſe ſoucient fort peu qu'on les entende ou non, pourvû que la muſique ſoit brillante, & qu'elle frappe agréable-ment les oreilles. Le Compoſiteur Fran-çais ne mépriſe pas tout-à-fait les paro-les qu'il met en chant ; il veut qu'elles ſoient entendues, & ſe garde bien de les mutiler pour faire admirer ſes talens, & pour faire briller une voix fléxible : il nous fait ſuivre auſſi facilement les modes d'un chant que les paroles qui l'accom-pagnent.

Le goût du chant Italien eſt preſque mélé avec le nôtre.

On eſt parvenu de nos jours à joindre ces deux muſiques ſi différentes l'une de l'autre ; on en compoſe un genre *mixte*,

qui doit plaire tout-à-la-fois aux Partisans de la France & de l'Italie. On voit
avec plaisir le trop de vivacité , de fra-
cas & de maniéré , corrigé par une lenteur aimable , & par un beau simple. C'est
à cet heureux mêlange qu'est dû le nom
de *Chromatico - Diatonico :* notre Opéra-
Bouffon actuel est dans ce dernier genre ;
on y découvre le goût Italien & le goût
Français ; il n'est pas difficile de le distinguer , malgré leur union intime. Pouvons-
nous manquer d'avoir une musique éxcellente ; puisque nous avons joint le goût
savant & ingénieux de la musique Italienne au goût naturel & simple de la musique
Française ?

Qu'on peut discerner les deux genres, même joints ensemble.

Malgré la difficulté de démêler actuellement les deux genres , il est fort agréable de pouvoir se dire dans un concert ,
ou bien au nouveau Spectacle , telle Ariette est dans le goût Italien ; celle-ci est
dans le genre Français. Afin de se procurer
cette satisfaction , il suffit de faire ainsi
le résumé de tout ce que j'ai dit : la Mélodie Française est tout-à-fait simple ; sa

marche eſt égale ; elle eſt très-chantante ,
on la retient ſans s'en appercevoir. Celle
des Italiens eſt remplie de variations pé-
nibles ; elle ſautille dans ſa marche peu
réglée ; il s'en faut de beaucoup qu'elle
ſoit auſſi chantante que ſa rivale. C'eſt
ainſi qu'en feſant attention à mes remarques , on diſtinguera tout de ſuite les
divers genres de muſique.

On connaîtra , par éxemple , que la
Romance d'*On ne s'aviſe jamais de tout* ,
eſt dans le goût Français ; & que l'Ariette ,
Je ſuis un pauvre miſérable , eſt compoſée
ſelon les principes Italiens : le fond de
l'air du prémier morceau ne ſe perd jamais ; il n'eſt point trop varié ; ſa mélodie enchante par ſa douceur & ſa ſimplicité : le mouvement du ſecond change
lorſqu'on s'y attend le moins ; & les répétitions n'y ſont point épargnées.

Les moyens que j'indique feront encore ranger chaque Opéra - Bouffon &
chaque Comédie-mêlée-d'Arriettes , dans
la claſſe qui leur ſont due , ſelon le genre
de leur muſique. On verra que *le Ma-*
réchal eſt entièrement dans le goût Italien ; on verra qu'*Iſabelle & Gertrude* , eſt
preſque entièrement dans le genre Français. Il ſerait trop long de citer d'autres
Drames.

On peut aussi connaître les divers genres de nos Compositeurs de musique enjouée.

On jouira encore du plaisir de discerner quel est le genre des plus fameux Musiciens de notre Théâtre favori. M. *Philidor* sera rangé dans la classe des Compositeurs d'Italie ; parce que sa musique est èxtrêmement travaillée, & remplie de variations. On avouera que M. *Monsigi* fait particulièrement honneur au goût Français ; & qu'on retient d'abord par cœur tous ses Ouvrages, tant ils sont simples & chantans. On s'appercevra d'une chose singulière, qui est qu'un Italien préfère le genre de notre musique à celui de sa Patrie ; je veux parler de M. *Duny.* Ce fameux Compositeur travaille plutôt selon les principes de la musique Française, que selon les règles de la musique Italienne. Cet homme estimable nous rend une justice que nous nous refusons souvent à nous-mêmes : il a donc trouvé que notre chant, presque toujours égal, avait des beautés, puisqu'il s'applique dans la plus-part de ses Ouvrages à saisir cette unité de Sons, cette mélodie si chantante, qui distingue tous les genres de notre musique.

Je ne dois pas oublier de faire ici une remarque digne de la curiosité du Lecteur. Convenons de bonne foi que les raisonnemens de J. J. Rousseau contre notre musique, font plutôt honneur à son esprit qu'à la vérité. Il est si certain que nous avons une musique, malgré ce grand homme, & malgré ses admirateurs, que lui-même n'a travaillé que dans le genre Français. Qu'on ne croye point que j'avance un problême difficile à démontrer. La musique du *Devin de Village* n'est aucunement dans le goût Italien : sans y faire une trop longue attention, l'on s'appercevra qu'elle est tout-à-fait Française ; puisqu'elle n'est composée que de petits Airs légers, d'un chant simple & très-aisé à retenir. Je m'en rapporte à tous ceux dont l'oreille est tant soit peu délicate. Ainsi, emporté par son génie, le fameux Citoyen de Genève compose de la musique Française ; & soutient ensuite, par une contradiction singulière, que la Langue Française n'est point absolument susceptible de musique. Voilà quels sont les Philosophes ; leurs actions démentent quelquefois leurs discours.

Différence du chant Italien d'avec le chant Français, selon J. J. Rousseau ; & sentiment d'un autre Auteur.

Voici comme le fameux Citoyen de Genève définit la mélodie Italienne & la nôtre. « *Dans le Mode Italien*, dit-il, la
» justesse & la fléxibilité de la voix, l'èx-
» pression pathétique, les sons renforcés,
» & tous les passages, sont un éffet na-
» turel de la douceur du chant & de la
» précision de la Mesure, de sorte que ce
» qui me paraissait le plus difficile à appren-
» dre, n'a pas même besoin d'être enseigné.
» Le caractère de la mélodie a tant de
» rapport au ton de la Langue, & une si
» grande pureté de modulation, qu'il ne
» faut qu'écouter la Basse & savoir parler
» pour déchiffrer aisément le chant. Tou-
» tes les passions y ont des èxpressions
» aiguës & fortes : tout au contraire de
» l'accent traînant & pénible du chant
» Français, le sien, toujours doux & fa-
» cile, mais vif & touchant, dit beau-
» coup avec peu d'éfforts : enfin, je sens
» que cette musique agite l'âme & re-
» pose la poitrine ; c'est précisément celle

» qu'il faut à mon cœur & à mes poul-
» mons ». Il est inutile de faire remarquer
le peu de justesse de cette définition, où
l'expérience & les principes de l'Art sont
souvent contredits. Et d'ailleurs, notre
musique a tellement changé depuis quelques années, & se perfectionne tellement
chaque jour, que tout ce qu'écrivit autrefois contre-elle J. J. Rousseau, ne peut
plus y avoir aucun rapport.

Voici un passage de cet Auteur, qui
étant tout nouveau, puisqu'il est pris dans
le *Dictionnaire de Musique*, semble mériter plus d'attention ; mais on découvre
toujours la forte prévention qui anime
M. Rousseau, & lui fait souvent hazarder des choses fausses, ou de purs sophismes. « La musique Française, dit-il,
» dans son nouvel Ouvrage, aurait beau-
» coup plus besoin que l'Italienne d'une
» Mesure bien marquée, car elle ne porte
» point sa cadence en elle - même. Ses
» mouvemens n'ont aucune précision na-
» turelle. Aussi les Etrangers n'apperçoi-
» vent-ils point le mouvement de nos Airs.
» Si l'on y fait attention, l'on trouvera que
» c'est ici une des différences spécifiques de
» la musique Française à l'Italienne. En Ita-
» lie la Mesure est l'âme de la musique ; c'est

» la Mesure bien sentie qui lui donne cet
» accent qui la rend si charmante ; c'est
» la Mesure aussi qui gouverne le Musicien
» dans l'éxécution. En France, au con-
» traire, c'est le Musicien qui gouverne
» la Mesure ; il l'énerve & la défigure
» sans scrupule ».

Je vais citer tout de suite un assez long
passage d'un Auteur Français, qui achèvera de prouver que le Citoyen de Genève s'est beaucoup trompé dans les morceaux que je viens de rapporter, & qui
achèvera de faire entendre au Lecteur
en quoi les deux musiques différent l'une
de l'autre. « On ne peut s'empêcher, dit
l'Auteur dont je vais transcrire les paroles ; (62) « On ne peut s'empêcher d'ad-
» mirer dans les Musiciens d'Italie les des-
» seins nouveaux de leurs figures si bien
» imaginées, la vivacité pétillante de leurs
» imitations redoublées & de leurs modes
» enchaînés ; mais si nous leur cédons la
» science, ne doivent-ils pas nous céder
» le naturel, & l'éxécution tendre & no-
» ble, sur-tout pour l'harmonie des ins-
» trumens ? Ne pourrait-on pas dire, sans

____

(62) Bonnet, Histoire de la Musique & de ses
effets.

» offenser les admirateurs de cette mu-
» sique, que les ornemens trop fréquens
» & déplacés en étouffent l'expression,
» & que les Italiens ne caractérisent point
» assez leurs Ouvrages ? Ils traitent de la
» même manière les passions diverses, la
» joye, la douleur, la crainte & l'audace,
» l'amour & la haine : c'est une gigue con-
» tinuelle. Si la voix commence seule,
» l'instrument répète en écho le chant ;
» ce chant bisarre roule de corde en corde,
» de ton en ton, de mode en mode, &
» l'on ne saurait dire à la fin de quel
» mode il est. Après vingt répétitions,
» il faut encore retourner *da-Capo*. Ce
» passage est souvent dur ; c'est un défaut
» dans tous les Ouvrages ; c'en est un
» grand dans les Pièces de musique de ne
» pouvoir finir : les Italiens tombent dans
» ce défaut plus que les Français. On a
» peine à s'accoutumer aux intervales
» fantasques de leurs récits, qui passent
» quelquefois l'étendue de l'octave, &
» que les plus habiles ont peine à en-
» tonner juste. Les Tenues sur-tout impa-
» tientent ; ces Tenues que nous ne fesons
» que sur les mots de repos, ils les font
» indifféremment sur tous les mots qui
» finissent par des voyelles. Ils sacrifient

» les expressions aux ports de voix, &
» la beauté même de la voix, que les ac-
» compagnemens doubles & triples étouf-
» fent, à la vîtesse, à la légèreté de la
» main de celui qui accompagne ». C'est
ainsi que parle cet Auteur judicieux &
éclairé, qui démontre si bien la vérité de
mon sistême.

Preuves que le chant Italien n'est point si naturel que le nouveau chant Français.

J'ai dit en marquant la différence de
notre musique nouvelle d'avec celle de
nos rivaux, qu'elle est beaucoup plus
chantante ; peut-être pensera-t-on que je
pars d'un faux principe. Il est vrai que
les amateurs de la musique Italienne peuvent citer des morceaux qui feraient
croire ma proposition hazardée ; mais je
prie de considérer sans partialité ces mêmes morceaux, dont la mélodie paraît
si agréable : on verra bientôt qu'elle n'est
point continuë, & qu'elle change de modulations au bout de quelques mesures.
L'air Italien est souvent coupé dans sa
marche ; il quitte tout-à-coup ce qu'il
avait de naturel, pour se soumettre aux

tortures, aux éfforts de l'Art. D'ailleurs, il ne me ferait pas difficile de prouver qu'un morceau de musique Italien dont le mode est simple & chantant, n'est qu'une imitation du genre Français. Afin de mettre les Lecteurs en état de juger tout de suite si j'ai raison, il me suffit de les prier de se ressouvenir d'un ou de deux chef-d'œuvres de nos rivaux, dans le genre le plus simple & le plus chantant qu'il sera possible de trouver. Le second morceau que chante *Lubin*, lorsqu'il arrive sur la Scène, dans l'espèce de Pastorale si connue d'*Annette & Lubin*, remplit toutes les conditions. Je veux parler de l'Ariette qui commence ainsi, *ma chère Annette n'arrive pas*, & qui est parodiée de *la Jardinière Italienne*. Il est aisé de s'appercevoir que le fond de l'air, ou le motif, se perd presque entièrement, & qu'il est des endroits où l'on croit entendre un autre morceau de chant, tant la marche & la mesure varient. Les Italiens contredisent cette règle éssentielle de la musique, qui veut qu'on conserve toujours le même mouvement, ou qu'on ne s'en écarte qu'avec une grande circonspection.

De l'Harmonie de nos Voisins & de la nôtre.

Je n'ai qu'un mot à dire sur la différence qu'il peut y avoir entre notre Harmonie & celle des Italiens. J'avouerai qu'elle n'est point aussi sensible que celle du chant. La raison en est toute simple. Le même genre de mélodie ne saurait être universel, parce que le génie des Langues fait nécessairement varier la mélodie ; au lieu que la musique instrumentale de tel Pays peut avoir de grands rapports à celle qu'on estime dans tel autre. Les Peuples qui font usage des mêmes instrumens, doivent en tirer des sons & des accords à peu près semblables. Cependant comme les mœurs, le goût, ou les caprices de chaque Peuple, répandent de la variété jusques dans les moindres occupations des hommes, on démêle quelques nuances qui nous éloignent un peu de la manière dont les Italiens font accorder ensemble plusieurs instrumens. On prétend, par exemple, que leurs accompagnemens sont plus simples, plus délicats que les nôtres ; nous les chargeons trop & les rendons confus:

mais nous éxécutons bien plus noblement
& avec plus de délicatesse, quant toutefois
il ne s'agit que de Symphonie.

Disons à la louange des Italiens, que
leurs accompagnemens ne couvrent pas
les voix autant que les nôtres; ils ont
soin que la voix soit toujours de beaucoup
au-dessus des instrumens. Il est étonnant
que nos Orchestres ne veulent pas s'appercevoir du mauvais éffet de leur éxécution tumultueuse, bruiante, qui éteint,
étouffe tout à-fait les accens du chanteur,
& ne laisse entendre par intervale que
des cris entre-coupés. Il est sur-tout étonnant que l'Orchestre du nouveau Spectacle
cle, d'un Théâtre où l'on s'éfforce d'i-
miter les Italiens, nous donne lieu de
lui reprocher aussi ses Accompagnemens
trop renforcés. Les murmures, les plaintes du Public, auraient pourtant dû l'avertir depuis long-tems. On serait moins surpris de son peu d'attention à laisser entendre la voix du Chanteur, si l'on ne savait
qu'il est composé d'habiles Musiciens.

Nos Compositeurs & ceux d'Italie se
verront toujours de mauvais œil.

Il y aura de tout tems une espèce de
haîne entre les Musiciens de France &

ceux d'Italie ; les prémiers, piqués d'être regardés comme les moins habiles, voyent toujours d'aſſez mauvais œil ceux qui leur diſputent ſi fièrement la victoire : les ſeconds, ſe prodiguant eux-mêmes les honneurs dûs au mérite, ſont indignés d'avoir des concurrens, & s'en vengent en les accablant du plus profond mépris. Cette inimitié que fait naître dans les deux partis la crainte de ſe voir ſurpaſſer, & que les gens à talens ne reſſentent que trop, ne s'éteindra jamais, ſelon toute apparence. Nos rivaux pourront-ils nous pardonner d'avoir un mérite égal au leur ; & pourrons-nous oublier qu'ils nous raviſſent la moitié de nos ſuccès ?

Origine ſingulière de l'eſpèce d'inimitié qu'on voit entre-eux.

On raconte une hiſtoire aſſez plaiſante, qu'on prétend être la cauſe de cette anthypatie qu'il eſt ſi facile d'entre-voir. Cette hiſtoire eſt du moins la preuve que ce n'eſt pas d'aujourd'hui que les Muſiciens Français n'aiment pas leurs rivaux d'Italie : j'ai cru que le Lecteur la lirait ici avec plaiſir.

Charles-magne, sacré à Rome Empereur d'Occident, par le Pape Léon III, l'an 800, assista le jour de Pâques à une Messe célébrée par le St. Père ; l'Eglise était remplie d'une foule de grands Seigneurs & de Peuples, qu'attirait autant la curiosité que la dévotion : l'on ne s'attendait guères que le trouble & le désordre dussent naître tout-à-coup dans un lieu si respectable. Le Maître de musique de la Chapelle du Pape voulut faire chanter la Messe selon le chant Grégorien ; celui de l'Empereur s'y opposa fortement, & prétendit qu'on se servît de l'ancien chant de St. Ambroise, adopté par l'Eglise Gallicane. La contestation dura long-tems, au grand scandale des fidèles. Les deux Musiciens se calmèrent enfin, & la Messe s'acheva. Charles-magne & le St. Père firent venir devant eux les deux Musiciens opiniâtres ; ils leur ordonnèrent de déclarer les raisons qui les portaient à agir avec si peu de retenue. Celui du Pape eut le droit de parler le prémier. Il soutint qu'il se croyait autorisé à prétendre le pas sur les Musiciens Français, puisqu'il appartenait au chef respectable de toute l'Eglise ; & que d'ailleurs la musique Italienne devait l'emporter sur toutes les autres, parce qu'elle était la source qui les avait produites. Le Maître de musique de l'Empereur, répondit à son tour: que par-tout où se trouvait son Maître, il pouvait prétendre le pas ; & que la musique Française devait être plus considérable que la source ; de même qu'un ruisseau, faible d'abord, va toujours en grossissant, & devient à la fin un vaste fleuve. L'Empereur, pour empêcher que la dispute n'allât plus loin, ordonna à son Musicien d'aller l'attendre au bas de la source de la musique Française, c'est-à-dire sur les confins de l'Italie. Ainsi finit une querelle à jamais mémorable, qui s'est souvent renouvellée de nos jours ; quels ont été les vainqueurs? C'est ce qu'il n'est pas facile de décider : chacun des deux partis se flatte d'avoir remporté une victoire complette.

CHAPITRE IV.

Si la Musique Française est plus agréable que la Musique Italienne.

Ce Chapitre est presque la conclusion de ce que je viens d'écrire dans l'autre.

Je suis persuadé que le Lecteur m'a pré-
venu, & qu'il a senti quel était le genre
de musique qui méritait la préférence.
Mais comme il n'est que trop de gens
qui affectent d'ignorer ce qu'ils ne veulent pas savoir, & qui pourraient tirer
avantage de mon silence; il est bon de
m'expliquer clairement.

Que notre Musique doit être préférée à la Musique Italienne.

La meilleure musique, celle qui doit
nous charmer davantage, est, selon moi, la
musique Française; c'est-à dire, celle qui ne
contient que des airs légers, & celle dont
la noblesse & l'énergie nous frappe, &
qui prend toujours la Nature pour guide.
On trouvera peut-être que je décide trop
hardiment une question qui occupe & qui
divise depuis tant de siècles la plus-part
des Savans, & tous les Musiciens. Si
l'on daigne peser mes raisons, j'espère
qu'on me rendra justice, & qu'on avouera
que j'ai réfléchi sur le Pour & le Contre,
avant de donner librement mon avis.

La musique Française vaut beaucoup
mieux que l'Italienne, parce qu'elle est
plus simple & plus chantante, ainsi que

je crois l'avoir démontré. Ces deux précieuses qualités doivent l'emporter sur tout le
clinquant & sur toutes les affectations de sa
rivale. On m'objectera que la musique d'I-
talie est très-savante, & que la nôtre n'est,
au prix d'elle, que des jeux d'enfans. Ne
suffit-il pas que la musique Italienne ban-
nisse le naturel & ce beau simple qui fait
briller les Ouvrages en tout genre, pour
n'être digne que de la seconde place dans
notre estime? Mais, me repliquera-t-on
encore, tous les grands Musiciens, tous
les plus fameux Compositeurs, la chérissent avec transport, tandis qu'ils regardent à peine cette musique dont vous
prétendez faire l'idole de l'Univers. Il
est vrai que la plus-part des Musiciens
font particulièrement l'éloge de la musique d'Italie ; je crois trouver dans leur
conduite une nouvelle raison de soutenir
mon sentiment. Ne pourrait-on pas dire
qu'ils ne la célèbrent avec tant de soin
que parce qu'ils sentent qu'elle ne saurait
se passer de leurs suffrages, & qu'ils empêchent par ce moyen le Public d'ouvrir
les yeux?

D'ailleurs, une chose qui ne plaît
qu'aux gens de l'Art, n'a pas un mérite
général. Que dirait-on de voir un tableau
qui

qui ne serait parfait qu'aux yeux des Peintres, ou qui ne charmerait seulement que ceux qui auraient fait une longue étude des règles de la peinture ? Il faut que toutes les productions de l'Art plaisent tout-à-la-fois aux connaisseurs ainsi qu'aux ignorans. Il y a dans les œuvres de chaque Artiste une certaine simplicité, un certain rapport aux Ouvrages de la Nature, qui les mettent à la portée de tout le monde. Pour être en état de sentir les beautés, la fraîcheur & le coloris d'un tableau de Rubens, il ne faut point être Peintre ; il suffit d'avoir la vue juste. On admire les Ouvrages de M. de Voltaire, sans être né Poète, sans avoir aucune idée des règles de la versification. Les oreilles sont enchantées par la mélodie qui règne dans les compositions de plusieurs Musiciens Français, sans qu'elles soient dirigées par les règles de la musique. Il nous échappe, tout au plus, quelque finesse d'un Art dont nous ignorons les principes.

La Musique du nouveau Théâtre l'emporte sur celle de l'Opéra-Sérieux.

Au reste, la musique du Théâtre moderne est plus certaine de plaire que celle de l'Opéra-Sérieux ; ainsi que je crois l'avoir déjà remarqué. Notre chant héroïque offre une beauté noble & sérieuse, qui peut ne pas convenir à tout le monde ; il doit pourtant de nos jours avoir plus de partisans qu'autrefois, puisqu'on commence à le rendre plus vif & plus varié qu'il n'était. Cependant la légéreté du chant usité au nouveau Spectacle, l'enjouement, la variété qui l'accompagnent sans cesse, lui procureront long-tems les plus grands succès, autant que sa ressemblance avec la mélodie Italienne.

Je crois découvrir une nouvelle raison des succès actuels de la musique du nouveau genre, & de ceux que lui promet un heureux avenir.

Que c'est avec raison que la mélodie du Spectacle moderne n'est pas continue.

L'oreille se lasse enfin d'une mélodie trop continue ; trois heures de chant la fatiguent & l'excèdent. Le nouveau Théâtre ne nous fait pas entendre que du chant ; il varie ses Poëmes avec Art. Les Auteurs du Spectacle moderne craindraient d'ennuier à force de charmer les oreilles par des sons harmonieux; ils leurs ménagent des repos; l'âme enchantée par une mélodie agréable a le tems de respirer. La prose qui divise chaque Ariette, ou les endroits qu'on récite simplement, font paraître l'harmonie plus délicieuse lorsqu'elle vient tout-à-coup à se faire entendre. Les intervales de prose dans une Pièce mêlée d'Ariettes, font comme les ombres qu'un Peintre habile répand sur un tableau. Enfin tant que la musique du Spectacle que nous chérissons, sera simple, enjouée & chantante, elle l'emportera sur sa rivale : peut-être a-t-elle aussi besoin que les Français continuent d'être long-tems légers & frivoles.

CHAPITRE V.

Que le Musicien doit seconder le Poète, & que le Poète doit s'entendre avec le Musicien.

Passons à des règles particulières. Je viens de jetter un coup d'œil général sur

la musique des nouveaux Drames chantans, développons maintenant ce qu'éxigent leurs différentes parties musicales,
afin de rendre mes observations plus utiles. Ce qu'il me reste à dire dans ces
derniers Chapitres tendra à perfectionner
tout ce qui concerne le lyrique des Poëmes chantans en tout genre.

Qu'il faudrait que le Poëte lyrique fut Musicien.

Il serait à souhaiter que les Auteurs qui
consacrent leurs veilles au nouveau Spectacle, ainsi que ceux qui travaillent pour
l'Opéra-Sérieux, fussent à la fois Poëtes &
Musiciens ; ils composeraient avec plus
d'art les paroles qu'ils destinent pour le
chant ; ils sentiraient d'abord si elles se prê-
teront à la modulation, si elles ont la douceur ou la force nécessaire. Mettant eux-
mêmes en musique leurs Pièces chantantes,
ils en rendraient davantage l'esprit ; ils
peindraient avec plus d'énergie les sentimens qu'ils veulent donner à leurs Personnages. Il arrive souvent que le plus habile
Musicien ne se remplit pas assez du Poëme auquel il joint les agrémens de son
Art. Il est aisé de sentir qu'un Com-

positeur laisse échapper bien des choses
que le Poète-Musicien aurait saisi avec
plus d'adresse. Je suis tenté de comparer
le Compositeur de la musique d'un Drame qui lui est étranger, à ces nourrices
qu'on charge d'élever les enfans : ont-elles
pour leurs nourrissons les mêmes soins,
la même tendresse que si elles leur avaient
donné le jour ? Ce précieux dépôt ne
ferait-il pas mieux placé entre les mains
de celles qui le confient ?

La Musique fesait chez les Anciens partie de l'éducation.

Les Poètes chez les Anciens étaient
presque aussi versés dans la musique que
dans la connaissance des bons Livres. Il
est vrai qu'il leur eût été difficile d'ignorer cet Art agréable, puisque la musique
était une partie de l'Éducation. Mais ils
ne méritent pas moins d'être proposés
pour exemple. Nous sommes privés de
l'avantage dont ils jouissaient ; nos Drames lyriques nous en font assez appercevoir, malgré les efforts du savant Compositeur : car enfin il module des paroles,
il exprime les passions de Personnages
qui ne lui font point si familiers qu'à

l'Auteur qui s'en occupa long-tems avant de les mettre sur la Scène.

Peu de Poètes modernes savent la Musique.

M. J. J. Rousseau est peut-être le seul Poète-Musicien dont puissent se vanter les modernes. Ce grand homme ne dédaigna pas d'associer à la Philosophie les talens agréables. Sa Pièce du *Devin de Village* doit nous faire toujours désirer qu'un Poème-Lyrique n'ait besoin que d'un seul Auteur : où trouvera-t-on un rapport plus parfait, une harmonie plus complette entre les paroles & le chant ?

Que le Musicien devrait aussi être Poète.

Je voudrais aussi que le Musicien fût Poète, ou que du moins il ne fût pas tout-à-fait étranger dans la Littérature. Parmi les Compositeurs de nos jours, il s'en trouve plusieurs dont l'esprit est très-cultivé ; mais il en est malheureusement un petit nombre qui ne connaissent que leur Art. Il est pourtant nécessaire que le Musicien soit instruit, pour être en état de sentir ce qu'éxigent telle pensée, telle situation ; & pour peindre avec de vives couleurs ce que le Poète ne fait souvent qu'indiquer.

Union qui devrait régner entre le Poète & le Musicien.

S'il est presque impossible actuellement que la Poësie & la Musique se trouvent réunies dans une même personne ; il faut que chacun de ceux qui possèdent séparément ces deux Arts, s'aiment, s'estiment & soient toujours d'accord ensemble. C'est de l'intime union du Poète & du Musicien que le Drame lyrique tirera toutes ses beautés. Le besoin mutuel qu'ils ont de l'assemblage de leurs divers talens, devrait les contraindre à se chérir ou à s'accorder. Mais il n'est que trop visible qu'ils se regardent de mauvais œil, & que ce n'est qu'avec peine qu'ils font servir leur Art au bien général. Le Poète prétend avoir la préférence ; le Musicien, enorgueilli des applaudissemens qu'on lui prodigue, croit mériter le pas. Si les uns & les autres voulaient suivre mon sentiment, ils abandonneraient toute idée de supériorité ; ils s'éfforceraient d'être amis.

Il est certain que si le Compositeur était véritablement uni avec le Poète, & celui-ci avec le Musicien, leur travail n'en irait que mieux; il s'aideraient chacun de leurs lumières. On ne les verrait pas se piquer mutuellement; on ne verrait pas l'un faire quelquefois le contraire de ce que l'autre demande. On ne saurait donc trop recommander au Poète d'être parfaitement d'accord avec le Musicien, de prendre souvent ses conseils, de le consulter sur la coupe, la marche d'une Ariette; & de ne point refuser de suivre en tout ses avis. Le Compositeur, de son côté, doit se lier intimement au Poète; il a souvent besoin de lui dans le cours de son travail, soit pour entrer davantage dans son idée, soit pour faire retoucher les endroits dont il n'est pas content, parce qu'ils ne se prêtent point à la manière dont il voudrait les moduler. S'aidant l'un & l'autre, ils concourent mutuellement à la perfection du Poème lyrique. La gloire dont ils se couvrent tous deux ensemble, réjaillit ensuite sur chacun en particulier.

CHAPITRE VI.

Des Ariettes, & des autres parties du Chant théâtral à une seule voix.

LE mot Français *Ariette* vient de l'Italien *Aria*. On entend par ce terme un certain nombre de vers qui se chantent, & dont la mélodie est èxtrêmement travaillée. Le morceau de musique qu'en France on appelle *air* tout simplement est d'un chant doux, uni. Le Musicien Français s'épuise dans l'*Ariette* à faire briller ses talens & la voix d'un Chanteur; au-lieu qu'en composant un *air*, il ne s'applique qu'à peindre un sentiment.

Le célèbre Rousseau de Genève semble dire, que le terme *Ariette* n'est propre qu'aux Drames du nouveau Théâtre; il voudrait qu'on employât une èxpression plus relevée pour désigner cette partie du chant de l'Opéra-Sérieux, si différente du récitatif. Voici ses paroles (63) « Ces grands morceaux de la musique

_____

(63) Lettre sur la Musique.

N v

» Italienne qui raviſſent ; ces chefs-d'œu-
» vres de génie qui arrachent des larmes,
» qui peignent les ſituations les plus vi-
» ves, & portent dans l'âme toutes les
» paſſions qu'ils ènpriment ; les Français
» les appellent des Ariettes ». Ce grand homme peut être fondé dans le reproche qu'il
nous fait ; mais comme nous n'avons point
encore d'autre terme, & que les Italiens
l'employent eux-mêmes dans le grand
genre, il pourra trouver ſa place dans
notre Opéra-Sérieux juſqu'à ce qu'on
ait rencontré une èxpreſſion plus digne
de ce Spectacle. Le remplacerait-on par
le terme *Air?* il ſerait ridicule de ſe l'i-
maginer, puiſque ce terme, en notre
Langue, ne déſigne, comme je l'ai remarqué plus haut, qu'un chant ſimple,
preſque toujours ſur le même mode,
enfin qu'une eſpèce de Chanſonnette.

L'Ariette eſt donc pour le Muſicien un
chant vif qui ſort un peu du naturel. Elle
eſt pour le Poète une image détaillée de
ce qui ſe paſſe de violent dans l'âme des
Perſonnages de ſa Pièce. Ce qu'il lui
prend en fantaiſie d'appeller *Air*, doit
renfermer une ſeule penſée, èxprimée
avec briéveté, qui peigne plutôt la tendreſſe que toute autre paſſion.

De la Romance.

Après l'Ariette , la *Romance* fait beaucoup d'effet dans les Poèmes modernes ; elle y répand des agrémens infinis ; elle a quelquefois empêché la chûte d'un Opéra-Bouffon. La Romance est très-ancienne ; c'est aux Espagnols que nous la devons , ou c'est du moins le peuple chez lequel elle fut le plus en vogue. Elle servait autrefois à décrire des aventures amoureuses & tragiques ; c'est la forme que lui donnèrent les Troubadours , les plus anciens Poètes Français , lorsqu'ils sortirent de la Provence pour aller réciter leurs Vers dans les Cours des Princes. Son genre a changé de nos jours , elle est présentement consacrée à la galanterie. En général , c'est actuellement un petit Poème dans lequel l'amour est célébré & dépeint avec les couleurs les plus riantes. La Poèsie doit en être douce , élégante ; il y faut du coloris & des graces. Les charmes de la Romance ne doivent point être prodigués ; il perdraient peut-être alors une partie de leurs agrémens. Il suffit de placer deux Romances , tout au plus , dans un Poème lyrique d'un Acte. Il est aisé de sentir que le chant de la Romance doit être tendre & mélodieux : s'il était autrement, il ne se rapporterait plus au genre ni au sens des paroles ; il cesserait de peindre les peines ou les plaisirs de l'amour ; il ne ferait plus naître dans l'âme de ceux qui l'écoutent, ce trouble & cette douce langueur qui les portent à la tendresse.

Du Récitatif.

Je dois dire un mot du *Récitatif* : l'Opéra-Bouffon l'employe souvent, quoiqu'il paraisse lui être étranger ; & je ne veux en parler ici qu'en le considérant dans ses Pièces. Le Poète qui place un Récitatif à la tête d'une ariette enjouée, s'y trouve forcé par deux raisons. Prémièrement, parce qu'il a quelque chose de sérieux à faire exprimer ; secondement, parce que le genre de l'ariette du nouveau Théâtre ne comporte guères une idée triste & lugubre. Ainsi le Récitatif sera écrit d'un stile fort & nerveux ; les Vers en seront plutôt aléxandrins que d'une autre mesure ; il ne contiendra que des passions tragiques, & qui ont quelque chose de lent, telles que la douleur, l'incertitude, &c. Le Récitatif du Théâtre moderne fut auſſi inventé afin de rendre l'ariette moins longue. Quelque ſoit le motif qui détermine à s'en ſervir, il faut qu'il ait une grande liaiſon avec l'ariette qu'il précède, tant par ſes paroles que par ſa mélodie. Son chant eſt le même que celui de l'Opéra-Sérieux ; c'eſt-à-dire qu'il eſt grave & approchant de la déclamation.

Le Récitatif eſt mal placé dans les nouveaux Drames.

Je crois inutile d'obſerver que le Récitatif devrait être banni des Drames du nouveau genre. Des idées ſombres & triſtes ne ſont point placées à côté de la plaiſanterie & de l'enjoument ; une mélodie noble & lente contraſte toujours mal avec un chant gracieux & léger.

Du Vaudeville.

C'eſt ici le lieu de dire un mot du *Vaudeville*, puiſque l'uſage eſt de terminer la plus part des Poèmes du nouveau Théâtre par une eſpèce de Chanſon, qu'on appelle *Vaudeville*. Au reſte le Lecteur aura la bonté de se ressouvenir de la remarque que j'ai fait au Chapitre deux du Livre quatre.

Son ancienneté.

Le Vaudeville est très-ancien. On croit qu'il fut inventé sous Charles-magne. Mais comme dans les prémiers tems de leur originine, les Français n'étaient pas tout-à-fait si enjoués, si malins, ni si frivoles qu'aujourd'hui, le Vaudeville, qui doit réunir toutes ces qualités, fut oublié pendant plusieurs siècles. Un certain Olivier Basselin, Foulon, d'un petit Bourg nommé *Vaudevire*, sur la rivière de *Vire*, dans la Normandie, eut la gloire de le remettre en vogue. On l'appella long-tems *Vaude-vire*, comme qui dirait *Chanson faite à Vire*; ensuite par corruption, on lui donna le nom de *Vaudeville*: peut-être aussi pour èxprimer que cette espèce de Chanson est fort en usage dans les Villes.

Ce qui caractérise le Vaudeville.

Quoiqu'il en soit de l'origine de son nom, le Vaudeville est une chanson maligne, qui fut d'abord èxtrêmement satirique, mais qui se contente maintenant d'attaquer en riant les ridicules. Les Français éxcellent plus qu'aucun peuple dans sa compofition, parce qu'ils lui ont prêté tout ce qui les caractérife. Son ftile doit être vif, enjoué, folâtre ; le chant qu'on lui applique doit être gai, léger, & faire affez d'impreffion pour être retenu fans peine.

Pourquoi les Poètes l'ont placés à la fin des Drames comiques.

Je ne conçois pas trop ce ce qui engagea les Poètes à placer le Vaudeville à la fin d'un Drame comique. Sans doute qu'il leur parut un moyen de terminer leurs Pièces avec gaité, & de renvoyer les Spectateurs contens. Comme le Vaudeville ne fe trouve guères qu'à la fin des Comédies d'un Acte, je ferai tenté de croire qu'on s'en fert encore afin d'allonger un peu le Drame, & pour faire oublier la petiteffe de fon action.

Que le Vaudeville ne fait pas un trop bon éffet.

Mais quelque foit la raifon qu'on ait eue de l'inférer dans les Poèmes Dramati-

ques , je trouve qu'il y fait presque toujours un mauvais éffet. Quand une intrigue est débrouillée , quand les personnages n'ont plus rien à désirer , l'art & le
bon sens ne veulent-ils pas que tout soit
entièrement achevé ? Est-il vraisemblable
que des personnages qui n'ont rien à faire
sur la scène, y demeurent sans sujet ? Lorsqu'on nous dit que le dénoument ne doit
point traîner en longueur ; on nous avertit aussi de ne placer après lui aucun mot
inutile ; par ce que l'Action qui se termine promptement satisfait davantage le
Spectateur , & que le moindre mot lui
paraît froid & ridicule , après que l'intrigue est dénouée. J'ai déjà observé qu'il
faut un grand art pour amener le Vaudeville à la fin des Pièces (64). Je dois rendre justice à la manière adroite avec laquelle M. Sédaine & M. Anseaume l'ont
fait arriver dans quelques-uns de leurs
Poèmes (65) ; ils l'ont lié au sujet principal en le mettant dans la bouche de leurs
Acteurs, non comme une simple chanson,
mais comme une suite de ce qu'ils de-

---

(64) Tome I, page 204.
(65) Voyez *On ne s'avise jamais de tout*; *les deux
Chasseurs & la Laitière*, & sur-tout *Rose & Colas*.

vaient dire néceffairement avant de quitter la Scène. Je conſeille aux jeunes Auteurs de ſuivre leur éxemple, & celui de J. J Rouſſeau.

Le Vaudeville eſt ſur-tout mal placé dans la Comédie récitée.

Je crois pourtant qu'il ſerait mieux de terminer les Drames modernes par un Chœur, parce qu'on ſuppoſe alors que l'on peint ce qui ſe paſſe dans l'âme des perſonnages. Le moyen que je conſeille approche bien plus de la Nature, que le Vaudeville : des gens joyeux peuvent chanter tous enſemble quelques mots, & non un grand nombre de couplets.

J'avance ſans crainte qu'il n'y a que dans les Poèmes du nouveau Spectacle que le Vaudeville ſoit un peu ſupportable. Il faut l'éloigner abſolument de la Comédie ſimplement récitée. Il eſt abſurde de faire chanter tout-à-coup des gens qui ne ſe ſont ſervis que de la parole pendant tout le cours de l'action. Encore ſi on leur prêtait toujours un juſte ſujet de joye, ou qu'on amenât une fête avec adreſſe ; il ſerait alors plus naturel de les voir chanter : mais la plus-part des Poëtes ſont-ils bien attentifs à ſe ſervir de ce moyen ?

Le génie seul doit donner les règles du Vaudeville.

C'est au Génie seul à enseigner l'art du Vaudeville, & tout ce qui le concerne, lorsqu'on le met au Théâtre. La lecture de ceux que produisit l'aimable Pannard, en apprendra plus que les règles & les leçons. On y verra que l'enjoûment & la fine plaisanterie accompagnent l'éxcellent Vaudeville ; & que le refrein de chaque couplet doit être amené avec un art infini, & tiré du sujet même. Il est encore nécessaire que le refrein du Vaudeville contienne en substance toute la morale qu'on peut tirer de la Pièce ; ce refrein doit être si bien choisi, qu'il devienne proverbe ou l'ait toujours été.

Que le Chant est peu naturel & surtout au Spectacle moderne.

Pour revenir aux Ariettes qui composent les trois quarts des nouveaux Drames, elles donnent matière à l'homme d'esprit de faire bien des réfléxions. Il est certain que toute espèce de chant est peu naturel ; car on peut le regarder comme l'image outrée de la manière dont parlent les hommes lorsqu'ils sont agités de

quelque paſſion : il n'eſt ſupportable que
dans un Spectacle entièrement conſacré
au merveilleux. Mais ſi le chant choque
la vraiſemblance , que ſera-ce donc lorſqu'il eſt mis auprès de la Nature, c'eſt-à-
dire , lorſqu'il eſt précédé & ſuivi du diſcours ſimplement récité ? Il doit paraître
alors tout-à-fait extravagant. Je n'adopte
pourtant pas dans toutes ſes parties l'o-
pinion du Philoſophe de Genève , qui
ſoutient que , « la tranſition de la parole
» au chant , & ſur - tout du chant à la
» parole , à une dureté à laquelle l'oreille
» ſe prête difficilement , & forme un con-
» traſte choquant qui détruit toute l'illu-
» ſion , & par conſéquent l'intérêt ».(66)
Je crois ſeulement que le chant à côté de la
parole paraît encore moins naturel que
lorſqu'il marche ſeul.

Que des Airs-communs ſont mal placés à côté des Ariettes.

Je remarquerai encore, que des couplets ſur des airs communs , ſont mal
placés parmi des morceaux de muſique.
Le mêlange de l'Ariette & du Vaudeville , eſt , ſelon moi , tout-à-fait cho-

---

(66) Lettre ſur la Muſique.

quant, comme dans *le Maréchal*, &c. Les Poètes feront bien de ne pas tomber dans cette faute. On permet aux Personnages du nouveau Drame, de se servir simplement de la parole, lorsqu'ils ne sont pas trop animés ; mais on ne veut point qu'un Air de Pont-Neuf se trouve à côté des chefs-d'œuvres d'un Compositeur moderne ; une pareille bigarure déplaît. L'oreille qui s'est faite à un chant vif & soutenu par l'harmonie, ne peut sans peine entendre ensuite un chant trop simple, qui lui paraît d'une froideur extrême. J'éxaminerai tout-à-l'heure si le Vaudeville vaut mieux que l'Ariette. Mais j'avertis qu'il perdra toujours sa cause, si on ne le fait pas marcher seul.

Les Ariettes refroidissent l'intérêt.

Sans étendre davantage ces réfléxions générales, considérons en particulier les Ariettes du Spectacle moderne.

Il me semble qu'elles refroidissent l'intérêt ; car il est bien difficile de les lier tellement au sujet, qu'elles s'y rapportent toujours : & quant même elles y seraient liées avec art, il n'en serait pas moins vrai que l'action en languit. Les Acteurs n'auraient-ils pas plutôt èxprimés leurs

penſées à l'aide de la parole, que par le moyen du chant ? Pendant le tems qu'ils s'occupent à chanter, combien n'auraient-ils pas agis, ſur-tout dans un Poëme où il faut beaucoup plus d'action que de paroles ? Je n'ignore pas que la mélodie eſt une peinture de leurs ſentimens, qu'on ſuppoſe alors qu'ils èxpriment avec force. Mais comme cette mélodie dure trop long-tems, & qu'elle ne s'arrête pas toujours à peindre des paſſions, il eſt clair qu'elle détourne l'attention du Spectateur, & qu'elle l'oblige ſouvent à perdre de vue l'intrigue du Poëme. Le déffaut que M. de Voltaire reproche à l'Opéra-Sérieux regarde auſſi l'Opéra-Bouffon. Le ſentiment de cet Auteur, dont les connaiſſances ſont ſi vaſtes, ſervira d'appui au mien, & achèvera de convaincre les plus obſtinés « Ce déffaut, dit-il, con-
» ſiſte à mettre dans toutes les Scènes de
» ces petits airs coupés, de ces ariettes
» détachées, qui interrompent l'action,
» & qui font valoir les frédons d'une voix
» éfféminée, mais brillante, aux dépens
» de l'intérêt & du bon ſens ». M. J. J. Rouſſeau n'eſt pas non plus trop parti-ſant des ariettes ; ce qu'il en dit peint aſſez le genre de celles qui ſont tant ap-

plaudies au nouveau Théâtre. Voici ses termes : « Les paroles de nos ariettes, » toujours détachées du sujet, ne sont » qu'un misérable jargon emmiellé, qu'on » est trop heureux de ne pas enten-» dre: c'est une collection faite au hazard du » très-petit nombre de mots sonores que » notre Langue peut fournir, tournés & » retournés de toutes les manières, èx-» cepté de celle qui pourrait leur donner » du sens. C'est sur ces impertinens am-» phigouris que nos musiciens épuisent » leur goût & leur savoir, & nos acteurs » leurs gestes & leurs poumons ; c'est à » ces morceaux èxtravagans que nos fem-» mes se pâment d'admiration ». Voilà une furieuse apostrophe contre les ariettes ; elle ne contient malheureusement que des reproches vrais pour la plus-part.

Si des Airs-communs vaudraient mieux au Théâtre que l'Ariette-bouffonne.

Les Poëtes de nos jours, qui travaillent pour le nouveau Théâtre, ne feraient-ils pas mieux de donner à leurs Pièces la forme qu'avait autrefois l'Opéra - Comique ; c'est-à-dire , ne devraient-ils pas se servir plutôt du Vaudeville que de l'Ariette ? Laissons à part tout amour pour la musique ; il ne s'agit point ici du Chant , mais de la perfection des paroles , qui seules composent un Poème.

Si l'on revenait à l'ancien usage , l'esprit y gagnerait, le Poëte pourrait paraître, le Drame serait naturel & sa marche plus rapide : je crois même que les Spectateurs auraient lieu d'être contens ; ils cesseraient à la vérité d'entendre des Sons qui les ravissent ; du moins ils comprendraient ce que disent les Acteurs; car on n'entend pas toujours ce qu'ils expriment dans une Ariette. Et d'ailleurs, que peut mettre le Poëte dans un morceau chantant ? Il faut qu'il ne s'occupe en partie que du Musicien ; & celui-ci ne sait que faire d'une pensée fine ; il ne lui faut guères que des mots propres à être modulés : que lui importe le peu de liaison qu'ils ont ensemble, & le peu d'idées qu'ils offrent à l'esprit ! C'est donc en vain que les Français excellent dans l'art de tourner un Couplet ? Nous bannissons du Théâtre ce qui nous ferait peut-être le plus d'honneur. Quel parti la Scène enjouée ne tirerait-elle pas du Vaudeville !

Je sais qu'on propose de l'associer à l'A-
riette; mais il me semble qu'il ne se soutiendrait point à côté d'un morceau de
musique; il paraîtrait bientôt d'une froideur extrême; j'en ai parlé plus haut,
& j'ai cité pour exemple du mauvais
éffet de l'air simple mis, auprès de l'A-
riette, ce que le Spectateur éprouve en
entendant les petits Couplets qui sont dans
le *Maréchal-Ferrant*, &c. &c.

Les Roulades sont choquantes dans l'Ariette, parce qu'elles ne sont point naturelles.

Le Musicien n'est pas plus à couvert
que le Poète des traits de la critique.
Les gens délicats, ou trop difficiles, lui
font aussi-bien des reproches. On soutient
d'abord que les Prolations ou Roulades
ne sont point du tout naturelles; & qu'on
doit les employer très-rarement, sur tout
dans l'Opéra-Bouffon, qui doit approcher de la Nature le plus qu'il est possible. Est-il vraisemblable en éffet que
quelqu'un qui parle, soit seul, soit en
compagnie, s'avise tout-à-coup de traîner
les sillables de certains mots, ou de les
répèter jusqu'à perdre haleine ? Est-il
vraisem-

vraifemblable que ce quelqu'un, hormis qu'il ne foit fou, fe mette à crier, par exemple, ma gloi... re, ou bien, je vo... le, en prolongeant les Sons. Le fens commun, & la manière de parler des hommes, que perfonne ne peut ignorer, nous atteftent qu'on prononce tout de fuite les mots, à mefure qu'ils naiffent avec la penfée, dont ils font l'image. Il eft vrai que fi le chant approchait trop de la parole, il ferait bientôt privé d'une partie de fes charmes. Que deviendrait fur-tout la mufique Italienne, fi elle était dénuée de ces *agrémens*, de ces roulades fi fréquentes, qui en font le principal mérite? Mais la mufique vocale ferait alors plus fupportable aux yeux du Philofophe, puifqu'elle peindrait davantage la Nature, qu'elle s'efforce toujours de copier, malgré toutes les fubtilités de l'Art. Peu de mots Français font fufceptibles de roulades; c'eft une nouvelle preuve que notre chant eft plus naturel, plus agréable que l'Italien. (67)

____

(67) M Rouffeau prouve-t-il beaucoup le mérite des roulades, lorfqu'il nous dit dans fon Dictionnaire de Mufique; » les roulades qui, dans les airs pathétiques, paraiffent fi déplacées, ne le font pour-

Le Musicien doit éviter les Répéti-
tions & les Ritournelles.

On s'impatiente encore avec raison du grand nombre de répétitions qui se trouvent dans les Ariettes du nouveau genre. On voudrait que la mélodie de nos Compositeurs ne fut point si babillarde, s'il est permis de s'exprimer de la sorte. A la bonne heure que le commencement de l'Ariette soit répété deux ou trois fois. Laissons aux Italiens la manie de vouloir l'entendre une demi-heure de suite ; nous n'avons pas tant de patience ; & pour le coup nous sommes excusables. L'Ariette ne refroidit-elle pas assez l'intrigue, sans qu'il faille en prolonger la durée jusqu'à l'infini ? D'ailleurs les Musiciens peuvent-ils oublier que le chant est presque l'imitation fidelle de la manière dont on parle communément ? Que penserait-on d'un homme qui répéterait plusieurs fois

____

» tant pas toujours : le cœur pressé d'un sentiment
» très-vif l'exprime souvent par des sons inarticulés
» plus vivement que par des paroles ». Les sons
inarticulés de la douleur ou de la joye ne ressemble-
ront jamais aux roulades de la Musique.

quelques endroits de son discours? On le croirait ivre ou fou. Le Musicien dira envain pour s'excuser, qu'il agit de la sorte afin de mieux faire sortir les beautés de sa musique, afin de faire admirer l'Art avec lequel il mêle des intonations, des changemens d'air, avec le motif ou le sujet principal. Il ne sera point disculpé, parce qu'il lui est possible de moins se répèter, sans rien perdre de sa gloire, ni sans rien ôter à sa mélodie.

Je conseille aussi aux Compositeurs du nouveau genre de retrancher les Ritournelles, ou ces Simphonies qui précèdent le chant & qui le terminent. Elles sont quelquefois d'une longueur affreuse. L'usage de placer des Ritournelles au commencement & à la fin de la plus-part des Ariettes, nous est venu, je crois, des Italiens, qui les font durer une demi-heure. On peut encore en trouver l'origine dans l'Opéra-Sérieux. C'est en voulant imiter ce qui se pratique à ce Spectacle, que quelques Musiciens ne sauraient composer une Ariette sans l'annoncer par une Simphonie. Ils devraient bien considérer que les Musiciens qui travaillent pour l'Opéra-Sérieux sont plus excusables d'agir de la sorte, que ceux

qui confacrent leurs talens au Théâtre
moderne : la mufique ne peut pas tant
refroidir l'action dans un Spectacle dont
elle eft l'âme & où elle feule doit èxprimer les paffions ; que dans celui où
le Chant & la Simphonie ne font que
l'acceffoire, & où par conféquent ils ne
doivent paraître qu'à propos & avec
briéveté. Des raifons encore plus fortes
prouvent qu'il faut bannir la Ritournelle
des Ariettes du nouveau genre. La Simphonie qui précède le chant & le termine, femble lui donner trop de dignité
& de nobleffe ; elle eft mieux placée
devant & après les Ariettes de l'Opéra-
Sérieux, où les paffions grandes & fublimes demandent plutôt cette prépara-
tion majeftueufe à leur développement.
S'il eft certain que le chant des Pièces
du nouveau genre, pour être naturel,
ne doit être amené, ainfi que je le prou-
verai plus bas, que lors qu'un Perfonnage eft violemment agité, & que lorfqu'il doit s'èxprimer plus rapidement que
de coutume ; il eft certain que ce chant-
là ne veut point de Ritournelle ; parce
qu'il n'eft pas naturel qu'on attende un
quart d'heure à parler, quand tout nous
preffe à prendre la parole. Un Roi, un

Héros, une Princesse, peuvent bien se promener gravement & réfléchir un instant, avant d'instruire ceux qui les écoutent des passions qui les agitent ; mais un Laboureur, un Artisan, une Paysanne, ne mettent point tant d'apprêts dans leurs actions ; ils disent tout de suite ce qui leur vient dans l'idée. En voilà assez pour prouver au Compositeur intelligent, que la Ritournelle fait un très-mauvais effet dans les Ariettes du nouveau Spectacle.

Moyens de remédier aux fautes qu'on trouve dans les Ariettes du nouveau genre.

Puisqu'on veut absolument conserver les Ariettes dans le Spectacle moderne, disons qu'il peut être aisé aux Poètes & aux Musiciens de les perfectionner davantage, de leur ôter les fautes qui les ternissent, de les rendre plus utiles aux Drames dans lesquels elles sont comme enchassées ; & d'obliger enfin l'homme de goût à les applaudir & à les approuver. Mais pour parvenir à relever le genre de l'Ariette, il faut qu'ils le croient susceptible de nouveaux ornemens,

O iij

& qu'ils avouent s'être quelquefois trompés dans tout ce qui le concerne : il faut s'armer d'une attention scrupuleuse, & n'être point éffrayé de la difficulté du travail. Je vais propofer quelques règles qui pourront coucourir à la perfection de nos Drames favoris, & des Ariettes en particulier.

Il faut écrire avec foin les Ariettes des Poèmes modernes.

On ne s'applique point affez à écrire une Ariette ; le ftile en eft ordinairement trop négligé ; on y place les prémiers mots qui fe préfentent d'abord au bout de la plume. Le Poète qui fera jaloux de fe diftinguer aura donc foin de ne point écrire fes morceaux chantans avec trop de rapidité ; qu'il les regarde au contraire comme autant de petits poèmes qui doivent être gracieux, élégans, & qui lui offrent les moyens d'acquérir quelque honneur. Ce n'eft même que dans un morceau chantant que le Poète peut fe montrer ; il doit s'éfforcer alors de ne pas laiffer toute la gloire au Muficien. Il parviendra à détourner une partie des applaudiffemens fur lui feul, fi fa Poèfie est douce, harmonieuse, si rien ne choque le goût & la délicatesse. On éxige même que l'Ariette soit bien rimée. Ce n'est pas dans une Pièce de vers d'aussi peu d'étendue qu'il est permis de prendre des licences. Mais on veut sur-tout que l'Ariette ne soit point vide de sens; on veut y trouver des choses au-lieu de mots. Il faut qu'elle paraisse plutôt être faite pour èxprimer avec élégance un sentiment, ou quelque passion des Personnages du Drame, que pour faire briller les talens du Musicien. Lorsqu'un des Auteurs du noùveau Théâtre (68) a dit quelque part,

Et l'on pense bien peu quand on fait des Chansons;

Il ne prétendait sûrement pas que sa remarque passât pour une règle. Je vais rapporter un Vers du Satirique Français, que j'ai déjà cité ailleurs, mais qui trouve peut-être ici sa place plus naturellement:

Il faut même en Chansons du bons sens & de l'art.

J'ai donc raison de conseiller aux Poètes du Spectacle moderne d'écrire de leur mieux les morceaux mêmes qu'ils destinent pour être mis en chant.

____

(68) M. Poinsinet, Epitre à M. Sédaine.

Il faut dans une Ariette mettre du sentiment plutôt que de l'esprit.

Ira-t-on s'imaginer que mon dessein soit de soutenir qu'il faut mettre de l'esprit dans une Ariette ? On aurait tort de me croire capable de tomber dans une telle erreur. Je voudrais seulement que le stile en fut passable , & qu'elle contint autre chose que des mots. Je sais que la musique a plutôt besoin d'images que de pensées fines & spirituelles. C'est pourquoi il me semble que l'Auteur de *la Fée Urgèle* se trompe lorsqu'il met tant de finesse & de choses recherchées dans ses Ariettes. Il est bon de rendre l'Ariette agréable , mais il faut craindre de tomber dans l'affectation : & puis, quel parti la musique peut-elle tirer de pensées si délicates ? « On ne saurait croire combien » l'esprit & la subtilité nuisent à la mu-» sique , s'écrie un illustre Amateur de cet art , dont on connaît le goût & les lumieres. (69) « La musique , dit M. de » Voltaire , exprime les passions , les

<hr>

(69) M. le Marquis de Chatlus , Auteur de l'*Essai sur l'union de la Musique & de la Poésie.*

» fentimens, les images ; mais où font
» les accords qui peuvent rendre une
» Epigramme ? » Concluons, que le Poëte
ne doit s'attacher qu'à bien écrire l'A-
riette, fans y faire entrer des penfées
trop délicates.

Diverfes chofes qu'il faut encore obferver en compofant l'Ariette.

Plufieurs chofes concernant le Poëte,
fervent encore à la perfectionner. Qu'il
n'y ait point trop de Vers dans une Ariette;
plus elle fera courte, meilleure elle fera.
Que les Vers en foient tous de la même
mefure, fur-tout lorfqu'elle èxprime la
tendreffe, ou un fentiment de douceur ;
le Compofiteur n'eft point alors contraint
de changer fouvent le mode convenu ; il
conferve mieux l'air primitif. Il femble
d'ailleurs que le travail du Poete a plus
de mérite lorfque fes Vers font d'une mefure égale ; il eft alors à fuppofer qu'il a
eu plus de peine à rendre fa penfée. Il faut
encore que le Rithme foit court ; pour être
tout à-fait lyrique, & prêter plus de
graces & de légèreté au chant : imitons
en cela les chœurs des Pièces Grecques
& les Poètes d'Italie. Le Vers aléxandrin

figure mal dans une Ariette légère ; il em-
barrasse toujours le Compositeur qui veut
lui donner un chant gracieux & rapide. La
mesure du Vers peut être variée lorsque
l'ariette dépeint la colère, ou des passions
qui agitent violemment. Enfin il n'y a pas
moins d'adresse de la part du Poëte à
amener la Reprise, ou les prémiers vers
du morceau chantant, que de la part du
Musicien. Celui-ci même ne réussit jamais
si bien, que lorsque l'Auteur s'en est
tiré avec habileté. On peut considérer l'A-
riette comme une espèce de rondeau,
dont le refrein doit toujours être amené
naturellement.

J'ajouterai encore au sujet de la reprise,
qu'il faut que le Vers qui amène cette reprise se rapporte au sentiment qu'elle exprime, afin qu'elle soit amenée sans violence, & qu'on voye que c'est un retour que
fait l'âme du personnage, par une suite de
ses passions, sur ce qui l'affectait, ou l'a-
gitait, l'instant d'auparavant : il ne faut
pas que le Musicien ait seul la gloire de
tout exprimer.

Je ne dirai rien des différens genres de
l'Ariette, parce qu'ils ne contredisent
point les règles générales sur lesquelles
je viens de jetter un coup d'œil.

Que le Musicien ne doit point manquer à la Prosodie.

Outre les déffauts dont j'ai déjà parlé, dans lesquels tombent trop souvent celui qui met en chant les paroles d'un Poème, il en est encore un, qui ternit la gloire d'un Compositeur, & qu'il est important de faire connaître, afin qu'on soit attentif à l'éviter.

Le Musicien, trop rempli du génie de son Art, manque quelquefois aux prémiers principes de la Langue. Faute d'attention, il arrive que pour suivre éxactement son chant, il rend bréves des syllabes longues, place un repos sur la moitié d'un mot, & semble quelquefois diviser en deux une seule lettre. De pareilles fautes, produites, sans doute, par l'enthousiasme, ne sont jamais èxcusables. Elles donnent lieu d'accuser le Compositeur, quelque habile qu'il soit, d'ignorer une langue que son art devrait embellir. Des raisons bien plus fortes l'engagent encore à suivre avec soin la Prosodie, ou la manière de prononcer les mots. Le chant est une image de la parole ; mais il est plus vif, plus passionné que le discours ordi-

naire ; or suppose-t-on qu'un homme qui
exprime ses passions , oublie tout-à-coup
les principes les plus connus de sa Langue ?
Et d'ailleurs , il n'est point de mélodie
sans l'accord parfait des mots les uns avec
les autres ; de même qu'un discours ora-
toire n'est éloquent que par la cadence ,
la rondeur de ses périodes. On pourrait
donc dire que la musique vocale est l'art
de faire sentir les sons , la prononciation
des mots fixés par l'usage : ainsi le Compositeur doit être aussi savant dans la
Langue qu'il employe que dans tout ce
qui dépend de son art.

Que les morceaux de Chant ne doivent point être trop fréquens.

Il faut être réservé dans le nombre des
morceaux chantans qu'on introduit dans
un Poëme. Quelque amour qu'on ait pour
la musique , elle fatigue à la fin Je ne
fixerai point au Poète la quantité d'a-
riettes & de duo qu'il peut insérer dans
les Drames du Théâtre Moderne , sans
crainte de lasser les Spectateurs : c'est au
goût seul à lui enseigner ce qu'il doit faire
à ce sujet. Je le prie seulement d'observer
que la musique nous plaît , nous enchante
davantage lorsqu'elle vient de loin à loin ,

que lorsque notre oreille est comme accoutumée à une harmonie continue. Ce que dit d'Aubignac me paraît fort sensé : « le Théâtre peut bien , sans doute , » souffrir la musique , mais il faut que ce » soit pour réveiller l'appétit & non pour » le *saouler* ; il n'y a point de plaisir qui » puisse rassasier sans dégoût ».

Il faut faire venir le Chant à propos.

On ne risquera point d'entasser ariette sur ariette si on les fait arriver avec art ; si c'est la situation , les passions des personnages qui amènent la musique. Les paroles de l'homme estimable que je vais citer , feront peut-être plus d'impression que tout ce que je pourrai dire. (70) » Les Poètes doivent savoir que le passa-,, ge de la déclamation à la musique ne » peut être sauvé que par un accroisse-» ment dans la passion , ou dans l'intérêt, » qui semble appeller de lui-même une » expression nouvelle & plus éxagérée. » Qu'ils se gardent de placer des airs dans ,, les situations froides , & de les em-» ployer dans le milieu du dialogue avant » que la Scène soit suffisamment échauf-

––––––––––––––––––––––––––

(70) M. le Marquis de Chatlus.

» fée. Enfin, qu'ils se défient de l'abus de
» la musique, & de la quantité d'airs dont
» ils chargent leurs Pièces ». On ne saurait, encore une fois, trop recommander aux Poètes du nouveau Théâtre de
bien choisir l'instant où ils font entendre
la musique. Je crois qu'ils ne doivent absolument placer aucune ariette dans le
tems que l'intérêt est à son comble, ni
dans des Scènes qui doivent marcher rapidement, comme dans celles qui approchent & forment la catastrophe. Il est
dangereux de refroidir l'action, & d'arrêter la marche de l'intrigue. Ce sera dans
le monologue & dans les situations tranquilles que le Poète fournira au Musicien
de ces airs vifs, brillans & à prétention.

Ce qui précède immédiatement le Chant, doit l'annoncer.

Autant qu'il est nécessaire d'amener le
chant à propos, autant faut il avoir soin
que la ligne de Prose qui précède l'ariette,
ou tout autre morceau de musique, renferme en substance ce qu'on va dire &
exprimer dans le chant; en sorte qu'il
ne soit qu'un développement, une ex-

plication étendue de ce qu'on vient de dire en abrégé. La raison de cette règle, c'est que souvent on n'entend pas bien les paroles modulées, & que par conséquent il est essentiel d'en donner une idée, ainsi que des passions qu'elles dépeignent. Une autre raison encore, c'est que dans un Ouvrage bien fait, rien ne doit être présenté qui ne soit lié avec ce qui précède, tant les faits que les pensées.

Les Ariettes tendres, ou qui expriment la douleur, font un mauvais éffet sur le Théâtre moderne.

Je finirai ce qui regarde les Ariettes par avertir que celles où il n'est purement question que d'amour, font quelquefois un mauvais éffet sur la Scène. Outre qu'elles ne disent presque toutes que les mêmes choses, elles font languir, selon moi, tout-à-fait l'action, & causent beaucoup d'ennui aux Spectateurs. La faute en est principalement au Musicien qui donne souvent au Chant tendre un mouvement trop lent, & qui le fait plutôt ressembler à des plaintes qu'arrachent la douleur, qu'à des accens amoureux. L'Ariette tendre est plus supportable lorsq qu'elle est dialoguée ; les Poètes habiles l'employent volontiers à la place de l'autre. Quoi qu'il en soit, les morceaux de Chant à une seule voix, où règne la tendresse, me paraissent presque toujours, dans les Drames du nouveau Théâtre, d'une froideur insupportable. Si on ne veut pas les éviter tout-à-fait, il faut au moins n'en faire entrer que deux tout au plus dans le cours de l'action. Il faut aussi avoir la même réserve pour les Ariettes qui ne pourraient recevoir qu'un Chant triste : ce n'est pas dans les Poëmes enjoués du Spectacle moderne que de pareils morceaux sont dignes d'être applaudis.

CHAPITRE VII.

Des Duo, Trio & Quatuor.

Du Duo.

J'ai peu de choses à dire sur ce qu'annonce ce Chapitre. Le *Duo* des Scènes d'Opéras est particulièrement fait pour peindre l'entretien de deux Amans. On doit le préférer à l'Ariette tendre, parce qu'il est plus vif, & qu'il peut ranimer la

Scène lorsqu'elle est sur le point de languir.
On y voit le sincère épanchement de
deux cœurs que l'amour rassemble. Il
faut avoir soin de n'employer le Duo
que lorsque les Personnages sont extrêmement animés par la passion qui les
agite. S'ils sont amoureux, qu'ils paraissent que saisis, hors d'eux-mêmes, ils se
communiquent mutuellement leurs transf-
ports, & parlent ensemble sans s'en appercevoir, tant le bonheur d'être aimés les
trouble, les enflamme.

Le Duo & les autres parties de Chant
a plusieurs voix, ne sont supportables que
dans des Poëmes dont les Héros sont pris
parmi le menu Peuple, ainsi que je le
dirai ailleurs ; encore le Poète a-t-il plusieurs choses à observer, que je vais lui
tracer en peu de mots, d'après M. J. J.
Rousseau. (71) « Il faut ne placer les Duo
» que dans des situations vives & tou-
» chantes ; n'y mettre qu'un Dialogue
» court, peu phrasé, formé d'interroga-
» tions, de réponses, d'exclamations vives
» & courtes. Une autre attention est de ne
» pas prendre indifféremment pour sujets
» toutes les passions violentes ; mais seule-

____

(71) Dictionnaire de Musique.

» ment celles qui font fufceptibles de la
» mélodie douce & un peu contraftée.
» La fureur, l'emportement marchent trop
» vîte; on ne diftingue rien, on n'entend
» qu'un abboiement confus, & le Duo
» ne fait point d'éffet ». C'eft pourtant
prefque toujours dans de telles circonftances que les Auteurs de la Comédie-
mêlée-d'Ariettes placent le Duo; je crois
qu'ils n'ont pas tout-à-fait tort.

Le Muficien doit aufli être éclairé. C'eft
M. Roufleau qui va parler encore. « Les
» règles du Duo, & en général de la
» Mufique à deux parties, font les plus
» rigoureufes pour l'harmonie; ces règles
» étaient bien plus févères autrefois; mais
» on s'eft relâché fur tout cela dans ces
» derniers tems où tout le monde s'eft
» mis à compofer. Que le Muficien ait
» foin que chacun des Interlocuteurs par-
» lant à fon tour, toute la fuite du Dia-
» logue ne forme qu'une mélodie, qui
» fans changer de fujet, ou du moins fans
» altérer le mouvement, paffe dans fon
» progrès d'une partie à l'autre, fans cef-
» fer d'être une & fans enjamber. Ce n'eft
» pas à dire que les deux parties doivent
» être éxactement femblables. Quand on
» les joint enfemble, (ce qui doit fe faire

» rarement & durer peu) il faut trouver
» un chant fufceptible d'une marche par
» Tierce ou par Sixtes, dans lequel la fe-
» conde partie faffe fon éffet fans diftraire
» de la prémière. Il faut garder les fons
» perçans & renforcés, le *fortiffimo* de
» l'Orcheftre pour des inftans de défor-
» dre & de tranfports où les Acteurs fem-
» blent s'oublier eux-mêmes; il faut, par
» une mufique douce & affectueufe, avoir
» déjà difpofé l'oreille & le cœur à l'é-
» motion ». La plus-part des Compofi-
teurs, de la nouvelle mufique fur-tout,
obfervent-ils toujours ces règles judicieu-
fes, puifées dans la Nature?

Des Trio, Quatuor & Quinqué.

Les trio, quatuor & quinqué n'ont,
ainfi que le duo, un air de vraifemblance
qu'en arrivant tout-à-coup lorfqu'un violent fujet de colère, de joye ou de fur-
prife, viendra s'emparer des Acteurs. S'ils
font placés dans d'autres fituations, j'ôfe
affirmer qu'ils feront peu d'éffet. Il eft
néceffaire qu'ils ne foient compofés que
de peu de paroles; les paffions éxtrêmes
ne font point de longue durée; & d'ailleurs, le Muficien fait plus valoir un feul
mot dans pareille circonftance, qu'un

grand nombre de paroles. Les quatuor & les quinqué font excellens pour répandre de la chaleur dans un Poëme comique, & pour imiter cette confusion, ces querelles de gens qui parlent tous à la fois. Cependant ils ne nous font souvent entendre que du bruit. Il n'est guères possible de saisir ce que disent les Personnages d'un quinqué, & quelquefois même d'un trio. Le Spectateur ne peut comprendre leurs discours que par conjecture, & le Poëme en souffre. Comme le *quinqué*, par exemple, n'est pas toujours l'image de gens qui crient ensemble, le Musicien devrait disposer ses parties avec tant d'art que l'une n'empêchat pas d'entendre l'autre. Le conseil que je donne ici au Compositeur à propos du chant a plusieurs parties, doit s'étendre aussi à l'Ariette même ; car souvent les Accompagnemens & le genre de la Mélodie nous la rendent inintelligible. Il est assez désagréable d'être obligé de s'efforcer à deviner ce que peut dire l'Acteur qu'on écoute.

Des Chœurs anciens.

C'est peut-être la difficulté d'entendre

tant de Perfonnes qu'on fait parler à la fois dans les Chœurs, qui engagea les modernes à les bannir entièrement de la Comédie & de la Tragédie. Il eſt certain que d'un bruit ſi confus, qui ne nous permet de ſaiſir que quelques mots à la dérobée, il ne réſulte qu'une eſpèce de charivari. Il eſt beaucoup de gens qui ne peuvent ſouffrir les chœurs de l'Opéra-Sérieux ; parce que la multiplicité des parties les empêche ſouvent de rien démêler. Il eſt probables que les chœurs des Pièces Grecques & Romaines étaient ſemblables à ceux de notre Opéra-Héroïque ; ces paroles du ſavant Ménage achèvent de nous le confirmer : « Les » chœurs de l'ancienne Comédie étaient » de vingt-quatre perſonnes ; ils étaient » de quinze dans les Tragédies ; & ces » quinze & ces vingt-quatre perſonnes » parlaient même d'ordinaire toutes en- » ſemble ». C'eſt dommage que les paroles que prononçait le chœur, n'euſſent quelquefois guères de rapport au ſujet de la Pièce. Au lieu de parler de ce qui concernait les principaux Perſonnages, il s'amuſait ſouvent à faire de magnifiques deſcriptions, ou à conter la généalogie de quelques Dieux. Ce défaut paraît ſur-

tout dans les Ouvrages d'Euripide, &
particulièrement dans son *Iphigénie.*

Corneille a eu tort d'approuver le retranchement des Chœurs.

Le grand Corneille n'approuve point
les chœurs. Il pense que nos violons qui
marquent la division des Actes font un
meilleur éffet, parce qu'ils détendent
moins l'attention du Spectateur. J'ôse être
d'un avis contraire. Je suis fâché qu'on
ait ôté les chœurs à la Comédie, ainsi
qu'à la Tragédie : il me semble que nos
Poèmes sont privés par là de grandes
beautés. Les Simphonies qu'on joue actuellement dans les entre-Actes, loin de
fixer l'attention sur le Drame qui occupe la Scène, ainsi que le soutient le grand
Corneille, dissipent tout-à-fait le Spectateur, parce qu'elles n'ont aucun rapport avec l'action du Poème représenté.
Il est vrai que depuis peu on a l'attention,
ainsi que nous l'avons remarqué plus
haut, (72) de jouer aux Français, dans
les entre-Actes, des morceaux de musique dont le genre est à peu près sembla-

____

(72) Livre V. Chap. VL.

ble à celui de la Pièce repréſentée. Mais
quoi qu'on faſſe, eſt-il naturel que lorſque *le Tartuffe* ou *le Miſantrope*, *Cinna* ou
Rodogune quittent la Scène, on entende
tout-à-coup divers inſtrumens de muſique ? On me dira que les Symphonies
des entre-Actes ont été imaginées afin de
délaſſer par intervale les Spectateurs ;
mais l'uſage des chœurs intimement liés
au ſujet, était bien plus délicat & plus dans
les règles de l'art. Les chœurs laiſſaient re-
poſer un moment l'attention des Spectateurs, ſans la détourner entièrement de
ce qui devait l'occuper pendant le tems de
la repréſentation. Tout ce qu'ils voyaient,
tout ce qu'ils entendaient, leur retraçait
une image qu'on n'éloignait qu'en partie
de leurs regards ; ils ſe repoſaient comme ces voyageurs, qui, aſſis ſur le penchant d'une coline, contemplent de loin
le chemin qu'ils ont à parcourir.

Je n'ai fait cette digreſſion que parce
que nos *quatuor*, nos *quinqué*, ſont de
vrais chœurs. Ils m'ont conduit naturellement à parler de ceux des anciens, qui
répandaient même un nouvel intérêt dans
le Drame. Je reprends le fil de mon diſcours.

Le Duo n'est guères naturel.

On a justement observé que le duo n'était nullement dans la vraisemblance. M. J. J. Rousseau a bien raison lorsqu'il parle de la sorte : (73) « L'Auteur de la » Lettre sur Omphale a déjà remarqué » que les duo sont hors de la Nature ; car » rien n'est moins naturel que de voir » deux personnes se parler à la fois du- » rant un certain tems , soit pour dire la » même chose , soit pour se contredire , » sans jamais s'écouter ni se répondre ». Il est pourtant vrai que les duo sont supporta- bles dans les Poèmes du nouveau genre. La gravité des personnages que l'on y fait agir , ne les empêche pas de s'écrier tous à la fois ; c'est même la coutume des gens du petit peuple , lorsqu'ils sont échauffés , de parler tous ensemble , en confusion & sans presque s'entendre.

Les Trio, Quatuor & Quinqué sont encore moins vraisemblables.

Mais si l'on peut parvenir à montrer

---

(73) Lettre sur la Musique ; & M. Rousseau ré- pète les mêmes paroles dans son Dictionnaire.

que

que le duo & le trio approchent un peu
de la Nature, il n'en est pas de même du
quatuor & du quinqué ; ils sont presque
toujours extravagans. Des gens de la populace font à la vérité beaucoup de bruit ;
du moins lorsqu'ils sont six ou sept ensemble, ils s'écoutent parler ; deux où
trois tout au plus s'écrient à la fois. Cependant le Spectacle moderne est excusa-
ble d'adopter une telle absurdité. Le quatuor ou le quinqué est un excellent moyen
de peindre une grande rumeur, & les
cris d'une foule de gens qui se disputent
ou se réjouissent. Ils évitent encore un
dialogue qui traînerait en longueur, puisqu'ils font exprimer à plusieurs personnages tout-à-la-fois, ce qu'il faudrait leur
faire dire à chacun séparément. Les chœurs
de l'Opéra-Sérieux sont-ils plus naturels ?
Si l'on veut rejetter absolument le chant
à plusieurs parties adopté dans les Drames
du nouveau Théâtre, il faut aussi retrancher les chœurs du grand-Opéra, qui
blessent autant la vraisemblance.

Qu'il faudrait placer une *Ariette*, ou un *Duo* à l'ouverture des nouveaux *Drames*.

Ce que j'ai dit ailleurs (73) au sujet du commencement des Pièces qui ne saurait être trop animé, me porte à désirer qu'on mît quelquefois à l'ouverture des Pièces du nouveau Théâtre un duo, un trio, ou bien une ariette. Je ne sais quel plaisir nous fait éprouver une Pièce qui débute de la sorte. On s'apprête avec joye à considérer l'action qui promet tant de chaleur. Je suis enchanté lorsque je vois à l'ouverture d'une Comédie ou d'une Tragédie, les personnages agités de grandes passions, & déjà dans une situation intéressante. Que l'on compare ce qu'on éprouve à la prémière Scène du *Tartuffe*, ou *d'Iphigénie en Aulide*, (74) avec ce qu'on ressent au début froid de tel Drame comique, & au début grave & pompeux de telle Tragédie; & l'on avoura que j'ai raison. L'action paraît déjà commencée; on est curieux de s'instruire des événe-

---

(73) Tome prémier, page 187.
(74) Tragédie de Racine.

mens qui sont arrivés, qui troublent les Personnages même avant qu'on les ait vu agir. Les Auteurs du Poème épique employent ce moyen avec succès. D'ailleurs, la plus-part des Savans qui ont écrit sur les règles théâtrales, l'ont conseillé au Poète Dramatique. « Le commencement doit être illustre, il en résulte de grandes beautés par la suite »; affirme Scaliger dans plusieurs endroits de sa Poètique. « Il me semble que l'ouverture doit être éclatante; » dit encore d'Aubignac. Il est vrai qu'il est difficile au Poète de conserver cette prémière chaleur; & qu'il est dangereux de la laisser s'éteindre. Mais il ne s'agit point de considérer si une règle est difficile; il faut seulement observer si elle est importante, & si elle mène à la perfection.

CHAPITRE VIII.

Que le Compositeur doit chercher à peindre.

ON trouve ridicule l'attention de quelques Compositeurs à peindre par les Sons tout ce qui a du mouvement dans la

Nature, ainsi que le ramage du Rossignol, le murmure d'un ruisseau, &c.
Quelle petitesse, s'écrie-t-on, d'être toujours à l'affut d'une image ; de ne rien laisser passer sans en faire un tableau ! Autant vaudrait la manie de ces Auteurs du
siècle passé, qui vous décrivaient tout
un Palais & ses Jardins, sans oublier le
moindre fronton, ni le moindre arbuste.
Quoi, parce qu'un Poëte aura mis par
hazard dans les paroles qu'on module,
le mot *ramage*, ou celui de *ruisseau*, faut-
il aussi - tôt se mettre à la torture pour
nous faire entendre le chant des oiseaux,
ou le doux murmure d'une onde claire ?
Rien n'est si petit, rien ne prouve mieux
le peu de talens du Musicien.

Moi, je dirai au contraire, que c'est en
imitant qu'il se montre habile dans son
art. Pourquoi ne pourrait-il pas faire entendre par les sons ce que le chant nous
exprime par les paroles ? Que seraient
donc alors les accompagnemens ? Ils ne
formeraient qu'un vain bruit. N'est - ce
pas les lier aux paroles avec lesquelles on
les fait marcher, que de leur prêter les mêmes figures, les mêmes couleurs ; que de
leur imprimer le même mouvement? Ainsi
la pierre est dirigée par la main qui la

lance.Mais , infiſtera-t-on , la muſique inſtrumentale copie les paſſions , c'eſt pour
cela qu'elle eſt jointe au Poëme lyrique ;
voilà ce qui l'élève , la diſtingue. Je répli-
querai à mon tour , que puiſqu'on permet à la muſique inſtrumentale d'imiter
des choſes beaucoup plus difficiles pour
elle que les éffets de la Nature , il me ſemble qu'il eſt tout ſimple de lui accorder
auſſi le privilège de peindre ce qui ſe rapporte particulièrement à ſon art. D'ailleurs,elle eſt beaucoup plus propre à repréſenter tout ce qui a du mouvement , tout
ce qui eſt ſuſceptible de quelque bruit ,
que les agitations de notre âme. Il eſt
donc abſurde de vouloir lui ôter ce qui
peut lui faire vraiment honneur. Je dis
plus ; en la privant d'un pareil avantage ,
nous détruiſons une partie du plaiſir qu'elle
nous fait éprouver ; car c'eſt directement
cette imitation frappante qui nous amuſe
& nous charme. Il ſuffit de citer le *Soldat
Magicien* , le *Roi & le Fermier* , *Sancho-
Pança* , le *Sorcier* , le *Bucheron* , dont
quelques morceaux de muſique nous cauſent toujours un nouveau plaiſir ; parce
que le chant , & ſur-tout la ſimphonie ,
ſont des images détaillées de ce que contiennent les paroles.

P iij

Observations sur le morceau de Musique qu'on appelle Ouverture.

Il est si vrai que le Compositeur doit chercher à peindre dans ses accompagnemens, aussi-bien que dans les paroles du chant, qu'on veut que le morceau de musique par lequel il est d'usage de précéder les Pièces chantantes en tout genre, & qu'on appelle *Ouverture*, soit un tableau de ce qui doit se passer dans le cours du Drame.

Plaçons ici quelques observations sur l'*Ouverture*. C'est proprement une simphonie, qu'on exécute avant que la toile soit levée ; ou, si l'on veut, une longue Ritournelle du premier morceau de chant qui fait l'ouverture d'une Pièce. Mais comme cette Simphonie est faite èxprès pour être gouvernée avec le Poème qu'elle accompagne, on éxige qu'elle y ait un rapport sensible. Ce ne fut qu'insensiblement qu'on lui désira une analogie entière avec le Drame qu'elle précède. Les talens de Rameau peuvent être regardés comme une cause de cette délicatesse ; on peut aussi leur attribuer l'attention sévère qu'on fait aux *Ouvertures* des Pièces, par lesquelles on juge souvent des talens d'un

Compositeur : toutes les *Ouvertures* de ce Musicien immortel, ont un rapport parfait aux Poèmes pour lesquels elles sont faites, & sont autant de chefs-d'œuvres.

On veut donc que l'*Ouverture* donne une juste idée du genre de l'action qui fait le sujet d'un Poème lyrique, & qu'elle soit travaillée avec beaucoup de soin ; on désire d'y trouver de l'èxpreffion, du génie, & non de vains bruits. J'ai souvent vu telle *Ouverture* faire mal augurer de la musique de toute une Pièce.

Il me semble qu'on pourrait se dispenser de placer une *Ouverture* aux Poèmes du nouveau genre. Il est du moins bien difficile à un Compositeur de lui faire peindre & èxprimer quelque chose ; Quelle peine ne doit-il pas se donner, s'il a deffein de la rendre èxpreffive, & s'il veut qu'elle soit l'image de ce qui va se paffer au Théâtre ! Peut-il déployer son génie, comme lorsqu'il s'agit de faire entendre un bruit de guerre, les cris furieux d'une troupe de combattans, les clameurs d'un peuple consternés, ou ses chants d'allégreffe ? Loin d'avoir de tels objets à peindre dans l'Ouverture des Pièces du nouveau genre, rien ne se présente à l'enthousiasme du Compositeur ; il ne peut annoncer que les mêmes paffions , que des intérêts auffi faibles les uns que les autres. Eft-il étonnant qu'il fe contente quelquefois de faire entendre des fons vagues , fans génie & fans èxpreffion ?

CHAPITRE DERNIER.

Conclufion.

EN réfléchiffant fur tout ce que j'ai dit au fujet du Spectacle moderne , on s'appercevra fans peine que la plus-part de fes Poèmes , fondés fur les règles qui conftituent les Drames en tout genre , s'écartent affez fouvent de ces règles fi effentielles.

J'ôfe me flatter qu'on me rendra affez de juftice pour fentir que ce n'eft que par ironie que je parais foutenir que les Perfonnages des nouveaux Poèmes doivent toujours être bas & vils. J'ai feint de croire qu'on était convenu de n'inférer dans ces Poèmes que des Hèros communs & populaires , puifqu'on n'en voit prefque que de cette efpèce. Mais je n'ai point négligé de rappeller très-fouvent à leurs Auteurs les règles fages &

judicieuſes, qui forment ſeules un Drame parfait. En louant à outrance la mé-
thode qu'ils ſemblent avoir le plus généralement adoptée, j'ai cherché à montrer davantage le ridicule qu'il y a de
repréſenter ſur la ſcène des objets dégoûtans & trivials: Le bon goût a dû
preſcrire en tout tems de prêter une
certaine nobleſſe à ces objets trop mé-
priſables au Théâtre des honnêtes gens,
lorſqu'ils ſont dépeints dans toute leur
baſſeſſe ; c'eſt ce que doivent ſe propoſer
les Poètes du nouveau genre qui voudront faire agir des gens obſcurs, pris
dans le menu Peuple. Il faut au Spećtacle moderne un genre qui lui ſoit propre ; eh, bien ! que ce ſoit celui de
peindre la Nature ; mais d'adoucir ce qui
pourrait révolter : ne confondons point
le Théâtre moderne avec celui des baladins où tout eſt permis. Il s'enſuit de
ce que je dis ici, & que j'ai donné aſſez
à entendre dans le cours de mon Ouvrage, que les Poèmes relevés du nouveau
Spećtacle, tels que *le Roi & le Fermier*,
Iſabelle & Gertrude, *la Fée Urgèle*, *Tom-
Jones*, &c. n'y ſeraient point déplacés,
ſi l'on n'avait à leur reprocher que la
nobleſſe de leur ańion.

Ceux qui se sont apperçus des défauts du Spectacle moderne, n'auront pu s'empêcher, en le condamnant, de convenir du mérite de ses Acteurs. Plus il est prouvé que le genre naissant des Drames tant applaudis de nos jours s'est écarté des règles reçues, & soulève contre lui la critique & la raison, plus il est démontré que les Acteurs qui le soutiennent & le font valoir, ont des talens rares & supérieurs. C'est une vérité qu'on ne saurait révoquer en doute ; & voilà un hommage qu'il m'est bien flatteur de rendre au mérite.

Puisse mon Livre inspirer aux Poètes du nouveau Théâtre le noble dessein de ne plus faire paraître tant de Pièces informes ! Puissent-ils ne s'attacher qu'à mettre sur la Scène des Drames intrigués avec art, écrits avec délicatesse, dans lesquels la décence soit toujours respectée ! Si mes vœux étaient remplis, la gloire du Spectacle moderne & de ses Auteurs en deviendrait plus éclatante, plus réelle, & le goût de la Nation serait justifié.

On doit conclure encore, après avoir lu cet Ouvrage avec attention, qu'il peut être utile aux Poètes & aux Musiciens des différens Spectacles, qui de nos jours semblent trop souvent vouloir négliger les règles, en cherchant à se distinguer par des nouvautés singulières, sans songer qu'ils s'écartent alors de ce qui plaît réellement ; puisque les règles ne sont établies que d'après ce qui charme généralement les hommes éclairés.

FIN.

TABLE

Des Sommaires, des Chapitres & des Matières du second Volume.

SOMMAIRE DU LIVRE CINQUIEME.

Il était nécessaire de dire un mot des diverses sortes de Pièces comiques que nous avons au Théâtre, & de parler séparément de quelques-unes. On fait observer particulièrement au Lecteur ce que c'est que la Comédie-Bourgeoise. Ensuite on parle des différens genres que le Spectacle moderne a embrassés jusqu'à présent ; ses Poèmes sont trop remplis de licences. La Pastorale & la Parodie lui conviennent mieux qu'aux autres Théâtres : observations particulières sur tout ce qui concerne le genre de ces deux espèces de Drames. Combien d'Actes doivent avoir les Poèmes du nouveau Spectacle ; Dissertation sur les Actes en général. On finit par examiner d'où naissent les sentimens qu'on éprouve au Théâtre.

CHAPITRE PREMIER.

CHAPITRE IV.

CHAPITRE V.

CHAPITRE VI.

CHAPITRE VII.

CHAPITRE VIII.

LIVRE SIXIEME.

SOMMAIRE.

De ce qui regarde les paroles dramatiques, on passe naturellement à ce qui concerne la Musique dans un Poème chantant. On fait d'abord l'histoire philosophique de cet Art. L'Opéra-Sérieux est un Spectacle trop fameux en France & en Europe, & trop lié à la Musique, pour qu'on ait pu négliger d'en parler séparément dans ce sixième Livre. L'on examine ensuite si les Français ont une Musique passable, & si l'Italienne doit lui être préférée. On finit par donner des règles sur toutes les parties du chant théâtral à une ou plusieurs voix. On rappelle que le chant dramatique doit être amené à propos, & qu'il doit être naturel autant qu'il est possible. En un mot, les observations répandues dans ce dernier Livre tendent à lier plus intimement la Musique à la Poësie, ces deux Arts considérés au Théâtre.

CHAPITRE PREMIER.

CHAPITRE II.

CHAPITRE VI.

CHAPITRE VII.

le préjugé, est cause que les Auteurs sont souvent
fort embarrassés, & prive notre Théâtre comique
de situations excellentes, de caractères nouveaux,
saillans. De-là aussi cette sécheresse, cette disette
de sujets, & ces mariages qui terminent toujours
nos Pièces enjouées. Ne pourrait-on pas avec art,
avec délicatesse, secouer un joug qui accable le
génie, & contraint d'épargner le vice le plus ordinaire dans la Société? Il me semble qu'un Poëte
habile n'en respecterait pas moins la bienséance
théâtrale. Il est vrai qu'il faudrait qu'il fût beaucoup plus réservé que Molière, & qu'il employât
bien des soins & des ménagemens; il serait sûr au
moins de voir ses Ouvrages se distinguer de la
foule, en poursuivant un vice qu'il est comme défendu de vouloir réprimer : la Comédie étendrait
plus loin les droits qu'elle a de reprendre & de
corriger.

Je n'entreprendrai point de répondre à l'Auteur
des *moyens de rendre la Comédie utile aux mœurs.*
Il est aisé de sentir combien il se trompe en prétendant qu'elle n'attaque que les ridicules seulement; & que les vices atroces sont aussi de son
ressort. *Le joueur, le menteur, le méchant, le glorieux,* &c. &c. ne sont-ils dépeints que superficiellement? Le ton qui règne dans la Comédie a
fait naître, sans doute, à l'Auteur l'idée de son
sistême si peu fondé. Il aurait bien dû considérer
qu'elle va à son but d'une manière enjouée, &
en répandant sur tous les objets un air de plaisanterie, afin de faire une impression plus facile,
plus douce, ou qui soit différente de celle qu'on
éprouve aux Drames des Corneille. La Comédie
attaque nos vices en riant. Nous nous amusons

d'abord des leçons que la réfléxion nous fait ensuite paraître férieufes. C'eft à la Tragédie à peindre l'horreur du crime, ainfi que tout ce qui peut
nous attendrir, nous déchirer. Elles ont chacune
leur manière propre d'émouvoir & de corriger les
hommes.

pag. 178. *lig.* 6. mis en Mufique ; *lif.* remis en
Mufique.

pag. 181. *lig. 3 de la note* 16. multiples que ;
lif. multiplex que.

pag. 183. *lig.* 23. *après ces mots*, l'ouverture
de la Pièce, *ajoutez*, qui influe toujours dans les
événemens à venir. C'eft ainfi qu'on peut entendre les Auteurs qui nous apprennent que l'expofition ne doit point apprendre ce qui va arriver. Que
dire donc ? Le voilà. En y racontant des événemens
paffés, on prépare adroitement le Spectateur à ce
qu'il va voir. *Agamemnon* annonce dans *Iphigénie*
tous les combats que va éprouver fon cœur paternel, par un feul mot de ce qui fe paffe au camp
des Grecs. La prémière Scène du *glorieux* annonce
la fierté qu'on verra éclater dans le principal perfonnage, en peignant feulement fon caractère. Ce
n'eft pourtant pas toujours la prémière Scène qui
contient le germe des événemens qui vont fuccéder, & qui les donne à entendre par des faits antérieurs, ou en éxquiffant des caractères ; le Poè e
à tout le prémier Acte : *Orofmane* n'annonce combien il eft foupçonneux, & les éxcès où le portera
la jaloufie, que dans la dernière Scène du prémier Acte de *Zaïre.* Mais il ne faut jamais aller
au-delà ; & dans les Pièces d'un Acte, l'éxpofition doit être renfermée dans la prémière Scène.

page 189. *au fommaire* ; préarés, *lif.* préparés.

pag. 223. *lig.* 8. le bien de la Scène ; *lif.* le lieu de la Scène.

pag. 288. *avant dernière lig. de la note* 35 ; foient l'Ouvrage ; *lif.* font l'Ouvrage.

pag. 336. *lig.* 3. un Spectateur ; *lif.* au Spectateur.

TOME II.

pag. 2. *lig.* 23. *après* particulièrement, *ajoutez*, ici.

pag. 10. *lig.* 14. il me fuffirait ; *lif.* il me fuffira.

pag. 23. *lig.* 20. la déclectation ; *lif.* la délectation.

pag. 31. *lig.* 20. une Mufique étrangère ; *lif.* une Mufique légère.

pag. 39. *lig.* 15. grand dommage que ; *lifez*, grand dommage encore que.

pag. 69. *lig.* 25. de paftorale ; *lif.* de la paftorale.

pag. 80. *lig.* 10. éxtiait l'envie ; *lif.* éxcitait l'envie.

pag. 128. *lig.* 18. *après ces mots*, qui fe forme par dégrès, *ajoutez cette note* : (Une preuve frappante que l'harmonie & le chant nous font naturels, c'eft ce que Rameau lui-même, quoique intéreffé à relever la fupériorité de fon art, rapporte dans fon Traité fur la *manière de former la voix.* Un homme de foixante & dix ans, dit-il, du commun, & qui avait rarement entendu des Pièces de Mufique, fe mit à chanter avec juftefle la bâfle fondamentale d'un chant qui le frappa.)

pag. 140. *lig.* 15. le brut ; *lif.* le bruit.

pag. 142. *lig. prémière ; après ces mots*, l'Efprit humain, *ajoutez cette note* : (il y a un paffage de *Tacite* qui prouve que je ne fuis pas le feul qui aye prétendu que les Grecs se sont injustement attribués la plus-part des découvertes des arts & des sciences, faites par des Nations plus anciennes. Voici comme s'exprime l'Historien Romain; *..... Græcorum annalibus ignotus, qui sua tantùm mirantur......*

« Les Historiens Grecs sont absorbés dans l'es» time de leur Nation». Annale 88. Livre 2.

pag. 163. lig. 9. qu'Elisabeht, Reine d'Angleterre; *lis.* que l'Empereur Leopold, que je viens de citer.

pag. 166. lig. 1. où l'on trouve; *lis.* où l'on entend.

pag. 183. lig. 5. tous simples; *lis.* tout simple.

pag. 204. avant dernière ligne; où tout est merveilleux; *ajoutez cet alinéa.* Afin d'achever de faire connaître en peu de mots les Poëmes du grand-Opéra de nos voisins, je dois ajouter que la Musique n'en est pas toujours si admirable, puisque des Récitatifs d'une longueur énorme en composent la plus grande partie, & qu'on n'y rencontre que quatre ou cinq Ariettes travaillées avec soin, qui sont même les seuls morceaux que l'on écoute attentivement.

pag. 266. lig. 9 & 15. Serva Padronna; *lisez* Serva Padrona.

Ibid. lig. 14. M. Favart; *lis.* M. Baurans.

pag. 274. lig. 10. Monsigi; *lis.* Monsigni.

pag. 329. lig. 7. qu'ils paraissent; *lis.* qu'il paraisse.

pag. 342. lig. 18, pour être gouvernée; *lis.* pour être liée.

PRIVILEGE DU ROI.

LOUIS, par la grace de Dieu, Roi de France & de Navare: A nos amés & féaux Conseillers, les Gens tenans nos Cours de Parlement, Maîtres des Requêtes ordinaires de notre Hôtel, Grand-Conseil, Prévôt de Paris, Baillifs, Sénéchaux, leurs Lieutenans Civils & autres nos Justiciers qu'il appartiendra, SALUT: Notre amé ANDRÉ-CHARLES CAILLEAU, LIBRAIRE A PARIS, Nous a fait exposer qu'il désireroit faire imprimer & donner au Public un Ouvrage qui a pour titre L'ART DU THÉATRE EN GÉNÉRAL. S'il nous plaisoit lui accorder nos Lettres de Privilège pour ce nécessaires. A CES CAUSES, voulant favorablement traiter l'Exposant, nous lui avons permis & permettons par ces présentes, de faire imprimer ledit Ouvrage autant de fois que bon lui semblera, & de le vendre, faire vendre & débiter par tout notre Royaume pendant le tems de six années consécutives, à compter du jour de la date des présentes. FAISONS défenses à tous Imprimeurs, Libraires, & autres personnes, de quelque qualité & condition qu'elles soient, d'en introduire d'impression étrangere dans aucun lieu de notre obéissance; comme aussi d'imprimer, ou faire imprimer, vendre, faire vendre, débiter ni contrefaire ledit Ouvrage, ni d'en faire aucun extrait, sous quelque prétexte que ce puisse être, sans la permission expresse & par écrit, dudit Exposant, ou de ceux qui auront droit de lui, à peine de confiscation des Exemplaires contrefaits, de trois mille livres d'amende contre chacun des contrevenans, dont un tiers à Nous, un tiers à l'Hôtel-Dieu de Paris, & l'autre tiers audit Exposant, ou à celui qui aura droit de lui, & de tous dépens, dommages & intérêts: A LA CHARGE que ces Présentes seront enregistrées tout au long sur le Registre de la Communauté des Imprimeurs & Libraires de Paris, dans trois mois de la date d'icelles; que l'impression dudit ouvrage sera faite dans notre Royaume & non ailleurs, en bon papier & beaux caracteres, conformément aux Réglemens de la Librairie, & notamment à celui du 10 Avril 1725, à peine de déchéance du présent Privilège; qu'avant de l'exposer en vente, l'Imprimé qui aura servi de copie à l'impression dudit Ouvrage, sera remis dans le même état ou l'Approba-

tion y aura été donnée, ès mains de notre très-cher
& féal Chevalier, Chancelier de France, le Sieur DE
LAMOIGNON, & qu'il en sera ensuite remis deux Exemplaires dans notre Bibliothéque publique, un dans celle
de notre Château du Louvre, un dans celle dudit
Sieur DE LAMOIGNON, & un dans celle de notre très-
cher & féal Chevalier, Vice-Chancelier, & Garde des
Sceaux de France, le Sieur DE MAUPEOU : le tout à
peine de nullité des Présentes. Du contenu desquelles
vous mandons & enjoignons de faire jouir ledit Exposant ou ses ayans causes, pleinement & paisiblement,
sans souffrir qu'il lui soit fait aucun trouble ou em-
pêchement. Voulons que la copie des Présentes qui
sera imprimée tout au long au commencement ou à
la fin dudit Ouvrage, soit tenue pour duement signi-
fiée, & qu'aux Copies collationnées par l'un de nos amés
& féaux Conseillers & Sécretaires, foi soit ajoutée comme à l'original. Commandons au premier notre Huis-
sier ou Sergent sur ce requis, de faire pour l'exé-
cution d'icelles tous actes requis & nécessaires, sans demander autre permission, & nonobstant clameur de
Haro, Charte Normande, & Lettres à ce contraires.
Car tel est notre plaisir. DONNÉ à Paris le vingt-
septiéme jour du mois de Mai, l'an de grace mil sept
cent soixante-sept, & de notre regne le cinquante-deuxiè-
me. Par le Roi en son Conseil.

LE BEGUE.

*Regiſtré le préſent Privilége ſur le Regiſtre XVII.
de la Chambre Royale & Syndicale des Libraires &
Imprimeurs de Paris, N°. 1200. fol. 223, conformément au Réglement de 1725. A Paris, ce 13 Juin
1767.*

GANEAU, Syndic.